AVVERTENZE

Nei manuali di utilizzo degli stimolatori vengono considerate ed analizzate le possibili controindicazioni dell'utilizzo di questa metodica di allenamento.
In alcune situazioni l'elettrostimolazione è propriamente controindicata mentre in altre è utilizzabile previo autorizzazione medica, quindi per la massima chiarezza e per la massima sicurezza dell'utente è consigliabile tenere presenti alcune situazioni in cui evitare l'utilizzo dell'elettrostimolazione.

- Presenza di pacemaker
- Presenza di patologie cardiache
- Presenza di materiali di osteosintesi
- Gravidanza
- Strappi o patologie muscolari gravi

libreria dello sport

Ringraziamenti

Ringrazio Ada, Andrea e Matteo per aver
prestato la loro immagine nella realizzazione delle foto utilizzate nel libro.
Un ringraziamento particolare va a Davide e a Dario che con le loro competenze hanno attivamente collaborato alla stesura di parti del testo; ringrazio Fabio che ha fornito un validissimo aiuto nella correzione delle bozze.

Dedica
Ai miei genitori

Progetto Grafico
Maurizio Duranti ECHO Communication®

Via Carducci, 9 - 20123 Milano
Tel. 02 8055355 - Fax 02 72002774

Stampa
LITOTIPOGRAFIA ME.CA. SNC - RECO (GE)

Sommario

Prefazione

Cos'è **l'Elettrostimolazione**

Esistono altre pubblicazioni sulla elettrostimolazione nello sport. Ma credo che questa di Boschetti, più di ogni altra, aiuterà a capire come va dawero utilizzata l'elettrostimolazione con gli atleti e a che cosa possa effettivamente servire. C'è molta confusione in questo campo.
Molti (o forse quasi tutti) credono che gli elettrostimolatori siano tutti uguali. Nelle vendite televisive, del resto, sono spacciate per straordinarie macchine da due lire, mentre negli aeroporti si comprano per poche decine di dollari strumenti che, secondo quanto dicono le istruzioni, possono sostituire quelli più costosi. Molti (o forse quasi tutti) credono anche che sottoporre i muscoli all'elettrostimolazione significhi semplicemente piazzare un elettrodo, senza preoccuparsi molto del punto, e schiacciare un bottone. Sono questi i motivi a causa dei quali fra i tecnici, anche fra quelli più seri e preparati, c'è oggi molto scetticismo nei confronti di questa metodica.
Alcuni di loro l'hanno magari provata in passato e, come sempre succede quando si ha a che fare con una novità, lo hanno fatto con molto entusiasmo.
Ma, proprio perché non avevano avuto la possibilità di sapere qual era la maniera più corretta per eseguirla , grande è stata la delusione quando non soltanto i loro atleti non hanno ottenuto i miglioramenti sperati delle loro prestazioni, ma addirittura le hanno peggiorate.
È ora di capire che l'elettrostimolazione è un po' più complessa di quello che normalmente si creda. Anche per gli altri tipi di allenamento (si pensi a quelli basati sulla corsa) si deve capire molto bene qual è l'obiettivo che si vuole ottenere e si devono conoscere i mezzi che consentono di modificare l'organismo nel senso desiderato. La corsa lenta può essere l'unico mezzo di allenamento per il pensionato che vuole migliorare la propria efficienza. Ma la stessa cosa non può fare il quattrocentista o il saltatore in alto; se fanno soltanto corsa lenta, anzi, peggiorano di sicuro i loro risultati. Principi analoghi valgono per le diete. La signora con qualche chilogrammo di adipe in eccesso può mangiare soltanto carboidrati nel pranzo di mezzogiorno e proteine in quello della sera. Ma per il culturista o il lanciatore un'alimentazione di questo tipo non va assolutamente bene.
È ora, insomma, di fare chiarezza sull'elettrostimolazione. Va subito detto che, come tutte le metodiche oneste, non fa miracoli. Qualche volta (in particolare su alcuni muscoli) consente di arrivare là dove non si giunge con la contrazione volontaria. In altri casi aiuta molto.
Ma, in ogni modo, sono vari i parametri da tenere in considerazione, così com'è molto importante scegliere in modo corretto il punto della superficie cutanea in cui posizionare gli elettrodi.
Su tutti questi aspetti il libro di Paolo Boschetti può dawero essere utilissimo. Così come lo è nel capire che all'elettrostimolazione è sempre bene abbinare altri tipi di lavoro, scelti in rapporto all'obiettivo che si vuole raggiungere, dal momento che questa metodica certamente non potrà agire sulle caratteristiche coordinative, sempre essenziali nello sport.

Dott. Enrico Arcelli

introduzione

Capitolo

1

Dalla preistoria alle correnti di KOTZ

Sin dagli albori della civiltà il principale obiettivo dell'uomo è stato quello di mantenersi in salute. L'elettricità è da sempre conosciuta e considerata come un possibile ausilio per perseguire questo scopo; già agli Egizi era infatti nota l'esistenza di una corrente naturale, come dimostra il ritrovamento di una raffigurazione di un pesce elettrico in una tomba risalente al 2750 a.C.
Dalle civiltà più antiche ci sono giunte soltanto alcune tracce molto vaghe, mentre da quella romana le informazioni sull'utilizzo delle correnti naturali in ambito terapeutico risultano molto più precise e dettagliate.
Il primo protocollo di elettroterapia, infatti, ci giunge dal 46 a.C. quando Scribonius Largus riferisce: "per tutti i tipi di gotta si dovrebbe usare una torpedine nera da mettere viva sotto i piedi del paziente; l'ammalato deve stare sul bagnasciuga dove frangono le onde e restare in tale posizione sin quando la gamba è diventata insensibile".
Per poter considerare degli studi scientifici e conseguentemente le possibilità applicative dell'elettroterapia "moderna" si deve attendere la fine del '700 con i lavori di Galvani e Volta.

Nel 1791 Galvani nel "DE VIRIBUS ELECTRICITATIS IN MOTU MUSCOLARE" annota le sue osservazioni relative alla contrazione muscolare per effetto di quella che veniva chiamata semplicemente "elettricità", convincendosi delle possibilità di stimolare elettricamente la muscolatura.

Dall'800 in avanti le ricerche e le soluzioni tecnico-scientifiche si moltiplicano, dirette in campi differenti, dal momento che le possibilità di generare, immagazzinare ed utilizzare la corrente elettrica subiscono una notevole spinta evolutiva; si cerca qui di ricostruire un excursus storico fino ai giorni nostri considerando, per punti, le tappe fondamentali.

- **1831** Faraday scopre il fenomeno dell'induzione elettrica ed elabora un particolare tipo di corrente, alternata, che prende il suo nome.
La corrente faradica è costituita da una serie di impulsi unidirezionali di durata compresa tra 0,1 e 1 msec. la cui frequenza è di 50 o 100 Hz con un'erogazione di 2" ed una pausa di 6" e con una continua modulazione in ampiezza, così che due stimoli successivi non siano mai identici.

- **1833** Duchenne de Boulogne trova il modo di stimolare elettricamente un muscolo senza necessariamente incidere la cute, grazie all'utilizzo di elettrodi per la stimolazione transcutanea.

• **1849** Du Bois Reymond comprende l'importanza della rapidità dell'emissione dei singoli impulsi per ottenere la depolarizzazione della membrana.

• **1900** Leduc riprende studi precedenti inerenti la migrazione ionica e dimostra che una corrente può essere utilizzata per far migrare degli ioni attraverso la barriera cutanea, senza lederla.

• **1902** Weiss comprende che alla base di una contrazione muscolare indotta vi è il rapporto tra l'intensità dello stimolo e la sua durata.

• **1909** Lapique, sulla base della legge di Weiss calcola il rapporto matematico fra intensità e durata di uno stimolo per poter eccitare un tessuto bersaglio ed introduce i concetti di cronassia e reobase, correlandoli tramite una formula matematica.
In questo modo viene definita e rappresentata la curva di intensità/durata o reobase/cronassia che ancora oggi viene riconosciuta come elemento cardine dell'elettroterapia.

• **1916** Adrian evidenzia sperimentalmente le curve di intensità/durata per i muscoli innervati e denervati.

• **1919** Bourguignon inizia la misurazione sperimentale della cronassia dei differenti distretti muscolari dell'uomo.

• **1925** Bernard inizia lo studio delle correnti diadinamiche perfezionandone l'utilizzo.

• **1939** Le Go intraprende lo studio applicativo delle correnti interferenziali.

• **1950** Nemec perfeziona gli studi di Le Go arrivando a costruire un'apparecchiatura dedicata specificamente all'emissione di questo tipo di correnti.

• **1952** Levine, Knott e Kabat studiano la possibilità di stimolare elettricamente i muscoli antagonisti a quelli spastici.

• **1961** Liberson sviluppa le potenzialità applicative degli studi di Levine, Knott e Kabat elaborando i protocolli necessari alle applicazioni funzionali dell'elettrostimolazione che prende il nome di FES (Functional Electrical Stimulation).

• **1969** Colombo importa le applicazioni funzionali della stimolazione elettrica (FES) in Italia.

Cos'è **l'Elettrostimolazione**

• **1965** Melzack e Walls pubblicano su Science "Pain mechanism: a new theory", lavoro inerente al meccanismo di "gate control" ed alla modulazione fisiologica del dolore.
Con questi studi viene dimostrata la potenzialità antalgica della stimolazione elettrica e la sua possibilità applicativa nella terapia del dolore, con lo sviluppo della stimolazione TENS (Transcutaneous Electrical Nerve Stimulation).

• **1970** Y.M. Kotz introduce per primo l'elettrostimolazione come supporto alle tradizionali metodiche di potenziamento muscolare con l'applicazione della omonima corrente (sinusoidale a 2500 Hz modulata a 50 Hz) nell'allenamento dell'olimpionico Borzov.

• **1972** Sibilla propone una tecnica "SPES" per l'applicazone transcutanea di una stimolazione elettrica nel trattamento della scoliosi idiopatica.

• **1975** Anzil, Modotto e Zanon portano ulteriormente avanti gli studi di Kotz alla ricerca di possibili applicazioni sportive dell'elettrostimolazione legate al miglioramento della performance.

• **1980** Portman utilizza le correnti di Kotz, apportando alcune modifiche, nell'allenamento di alcuni atleti e riferisce un incremento delle doti di forza del 28%.

• **1988** G. Cometti studia gli effetti allenanti della stimolazione elettrica utilizzando sia le correnti di Kotz sia le correnti bifasiche rettangolari di più recente introduzione.

• **1989** G. Cometti riferiscono ottimi incrementi delle doti di forza esplosiva a seguito di allenamenti con elettrostimolazione.

• **1996** Capanna, Sassi, Tibaudi stimolano per 15 sedute un gruppo di calciatori con frequenze di 65 Hz. per 20" e con 85 Hz. per 20" e registrano un netto miglioramento delle prestazioni di resistenza alla velocità, mentre non riscontrano significativi incrementi sulle performances di salto.

La bibliografia molto recente è ricca di numerosi studi in merito alle effettive potenzialità dell'elettrostimolazione eccitomotoria, tanto nell'incremento della performance sportiva, quanto nel recupero funzionale ed in ambito estetico. Questi studi, però, risultano difficilmente confrontabili fra loro a causa di una marcata disomogeneità dei protocolli utilizzati.

cenni di fisica ed elettrologia

Capitolo

2

Un po' di teoria

Sebbene l'esistenza di due cariche elettriche, chiamate convenzionalmente positiva e negativa, e dei fenomeni di attrazione e di repulsione che le riguardano fossero ben noti già agli antichi Greci, furono necessari ben duemila anni per giungere ad una comprensione profonda ed organica di questi eventi.
Infatti, solo alla fine del secolo scorso, grazie a Maxwell, vedono la luce le quattro equazioni fondamentali dell'elettromagnetismo che da lui prendono il nome. Prima di addentrarci nella nostra discussione è necessario definire che cosa si intenda per **carica** e per **corrente**.
La carica rappresenta quella proprietà responsabile dell'interazione elettromagnetica.
Più intuitivamente si può fare riferimento alle cariche per antonomasia, gli elettroni, carichi negativamente, ed i protoni, dotati di carica positiva.
È inoltre utile ricordare, tra le cariche in gioco in ambito fisiologico, anche i cationi - ioni positivi - e gli anioni - ioni negativi; entrambi non sono altro che atomi o molecole, in cui l'equilibrio naturale tra le cariche interne risulta sbilanciato a causa dell'aggiunta o dell'eliminazione di alcuni elettroni.
Limitatamente al tipo di interazione che consideriamo, infatti, il numero dei protoni può essere supposto costante.
Più in generale, escludendo i pur importanti fenomeni di induzione, un corpo carico elettricamente può essere considerato come un insieme di atomi o di molecole in cui è stato alterato il numero di elettroni che lo rendeva elettricamente neutro.
L'unità di misura della carica è il **coulomb**, direttamente correlata al numero di elettroni in eccesso presenti in un corpo carico.
Per corrente si intende invece un flusso di cariche nell'unità di tempo, siano esse elettroni, protoni o ioni.
Nel caso in cui il flusso sia costituito da cariche di segno opposto con moto in direzioni diverse, si parla di corrente netta. In certi casi questa può anche rivelarsi nulla, sebbene vi sia un effettivo spostamento di cariche.

Torniamo alle equazioni di Maxwell

Tra le cose veramente interessanti che si scoprono dall'analisi di queste equazioni è la correlazione esistente tra i fenomeni elettrici non stazionari, ovvero concernenti sistemi le cui "proprietà elettriche" non sono funzioni costanti nel tempo, ed eventi di natura prettamente magnetica.
Ecco perchè, in generale, si parla di elettromagnetismo e non soltanto di fenomeni elettrici. Inoltre, sebbene tutte le implicazioni classiche di tali fenomeni siano completamente descritte dalle relazioni di Maxwell, sono state introdotte ulteriori equazioni fenomenologiche.
Queste vengono ricavate dall'esperienza, per poter trattare in modo più comodo gli aspetti pratici più frequenti.
La più nota di queste leggi è senza dubbio quella di Ohm.
Si considerano per primi i fenomeni

elettromagnetici stazionari.
In tali fenomeni si riesce perfettamente a distinguere la natura elettrica da quella magnetica, si parla infatti di "elettrostatica" e "magnetostatica".
Un esempio di fenomeni magnetici statici è l'interazione tra una bussola ed una calamita, una volta che l'ago abbia cessato il suo moto oscillatorio attorno alla posizione di equilibrio, che viene poi assunta per un tempo indefinito.
Ben più importanti, per comprendere le applicazioni elettrofisiologiche, sono i fenomeni elettrostatici.
L'esperimento principe dell'elettrostatica è quello in cui si dispone una carica puntiforme **A** in un punto fissato nello spazio.
Si pone ora una seconda particella **B** - detta di prova - su cui è presente una carica molto inferiore a quella posseduta da **A**, nelle vicinanze di **A** stessa.
Se **B** viene lasciata libera di muoversi nello spazio si osserva che essa resta soggetta a una forza, dovuta alla presenza di **A**, che ne modifica lo stato di quiete, accelerandola. Misurazioni sperimentali indicano che tale accelerazione dipende sia dalla carica presente proprio su **B**, sia dalla distanza che separa le due cariche nel momento in cui essa viene misurata.
Una discussione matematica di tale esperimento comporta l'introduzione di due concetti fondamentali: il potenziale **V** e, prima ancora, il campo elettrico **E** (campo elettrostatico). Infatti, se indichiamo con **e** la carica di **B**, poichè la forza a cui questa è sottoposta a causa della presenza di **A** dipende dalla grandezza di **E** si può pensare che la carica fissa nello spazio generi un campo, chiamato **E**, la cui azione su **B** si manifesta attraverso una forza **F** (elettrostatica) di intensità pari a $\mathbf{F}_{elettrostatica} = \mathbf{eE}$.
Così come la forza, dovuta alla distanza da **A** varia nello spazio, tale è anche la dipendenza dalle coordinate spaziali di **E**. Sperimentalmente, per dare una misura del campo di **A** in un dato punto, si misura la forza che si esercita sulla carica **e** in quel punto, e si inverte la relazione appena scritta

$$\mathbf{E(x)= F_{elettrostatica} (x) / e}$$

Questa può essere presa come la definizione operativa di campo.
Sappiamo ora che una forza può generare un lavoro; pertanto poichè il campo agisce su **B** mediante la forza elettrostatica $\mathbf{F}_{elettrostatica} = \mathbf{eE}$, possiamo parlare di lavoro compiuto da questa forza e quindi, indirettamente, dal campo.
Infatti, se **B** è libera di muoversi, sotto l'azione di $\mathbf{F}_{elettrostatica}$, si sposterà lungo una certa traiettoria. A patto di suddividere tale traiettoria in spostamenti sufficientemente piccoli, si commette un errore trascurabile nel considerare la forza costante lungo ciascuno di questi tratti; definiamo pertanto il lavoro effettuato da **E** come la somma dei prodotti tra i valori costanti di $\mathbf{F}_{elettrostatica}$ lungo ognuno di questi spostamenti per la lunghezza dei tratti stessi. Tale lavoro ha delle proprietà matematiche molto particolari che vengono riassunte nell'affermazione secondo cui il campo elettrostatico **E** è conservativo.
Il concetto di potenziale è strettamente legato al lavoro compiuto dal campo: se

in una regione dello spazio, attorno ad un punto, esiste un campo elettrico in grado di compiere un lavoro, si afferma che, in quella regione, vi è una differenza di potenziale elettrostatico **V**.
In realtà la legge matematica asserisce più precisamente che **E = -gradV (**si legge **E=-** gradiente di **V)**.
Con il simbolo "grad" si intende un tipo di derivata della funzione **V**, la quale è un indice di quanto il valore di **V(x)** cambi quando ci si sposta dal punto **x** verso un altro punto vicino.
Dunque, l'esistenza di un campo **E** nell'intorno del punto **x** dello spazio implica che la funzione **V**, in un intorno del punto **x**, non sia una funzione costante di modo che la sua derivata - ovvero il gradiente - sia diverso da zero.

Ecco perchè nei fenomeni elettrici si parla sempre di differenza di potenziale o d.d.p.; l'esistenza di una d.d.p. garantisce l'esistenza di un campo.
Qualsiasi carica **e** in presenza di tale campo **E** risente di una forza di intensità pari a $\mathbf{F_{elettrostatica}}$ **= eE** capace, ad esempio, di produrre una corrente.
La d.d.p. non è altro che la differenza tra il valore della funzione **V** in $\underline{\mathbf{x}}$ e in un punto **x** appartenente ad un intorno di $\underline{\mathbf{x}}$ **: V(x) - V(x) = d.d.p.** presente tra **x** e $\underline{\mathbf{x}}$.

L'unità di misura del potenziale è il Volt, mentre per il campo elettrico si usa il Volt/m. Interessante è anche la rappresentazione del campo **E** attraverso le cosiddette linee di forza.
Queste si possono tracciare osservando la traiettoria seguita da una carica di prova **B** immersa nel campo elettrico generato da **A**; in questa situazione, la tangente alla linea di forza in ogni punto dà la direzione del moto istantaneo che avrebbe **B** se fosse in quel punto.
Inoltre, per convenzione, si suppone sempre che la carica **E** presente in **B** sia positiva. Ne segue che, se **B** si allontana da **A** - ed allora **A** è positiva -, il campo **E** è diretto verso l'esterno, se **B** si avvicina (quindi la carica presente in **A** è negativa), il campo è diretto verso l'interno.

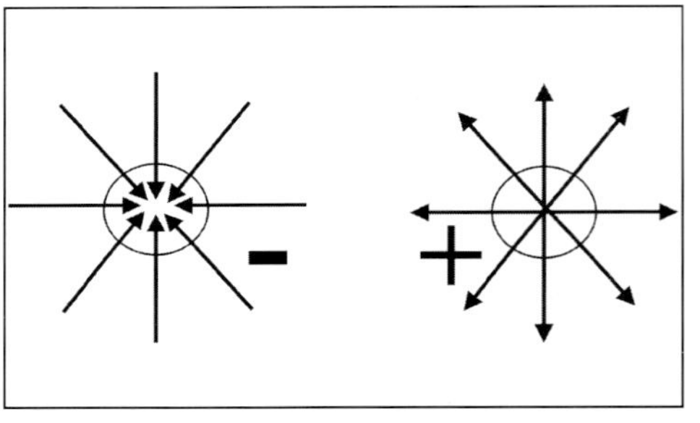

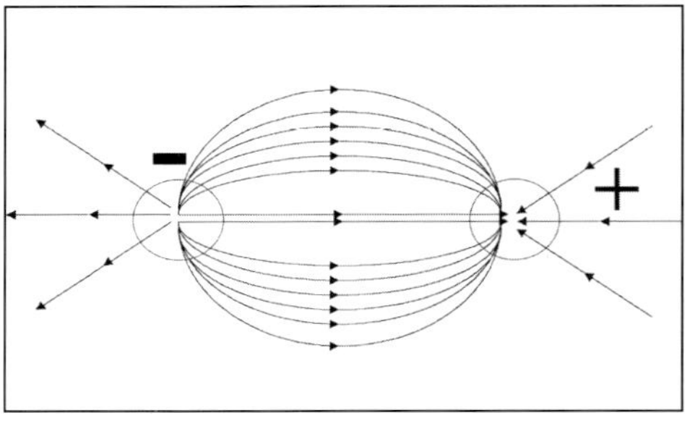

Avendo definito il potenziale, possiamo ora enunciare la già citata Legge di Ohm. Se indichiamo con **V** la differenza di potenziale agli estremi di un conduttore, questa genera un campo **E**, a sua volta responsabile, attraverso la $\mathbf{F_{elettrostatica}}$, del moto delle cariche all'interno del conduttore. Tale moto che costituisce la corrente **I** è legato alla d.d.p. **V** dalla relazione **V = RI**, dove **R** è una grandezza, chiamata resistenza, che misura appunto la facilità con cui i portatori di carica si muovono nel conduttore.

A questa formulazione della legge di Ohm in termini di corrente e potenziale, se ne affianca un'altra, altrettanto utile. Considerando infatti un conduttore a sezione costante, la corrente **I** che vi fluisce è legata al campo **E** elettrostatico, che ne è la causa, secondo **I=aE** essendo **a** un'opportuna grandezza fisica il cui significato è, in pratica, quello attribuito a **R** nell'espressione precedente.

Va però puntualizzato che tale legge, in qualsiasi formulazione venga considerata, ha validità solo nel caso di corrente continua, per corpi omogenei e per una particolare classe di conduttori (detti appunto ohmici).

Si deve ricordare che una corrente si dice continua se la quantità e il segno della carica che fluisce attraverso la sezione di un conduttore sono costanti nel tempo.

Una corrente in cui ciò non avviene si definisce variabile. Un tipo particolare di correnti variabili sono quelle alternate, in cui il verso del moto delle cariche cambia in maniera periodica.

È da notare inoltre che, in un conduttore metallico ai cui capi viene mantenuta una d.d.p., le uniche cariche che si spostano sotto l'azione del campo elettrico sono gli elettroni.

Essi hanno una velocità complessiva di traslazione molto bassa (velocità di deriva). Ciò che si propaga alla velocità della luce all'interno del conduttore è il campo elettrico **E**.

L'elettrone non attraversa istantaneamente tutto il conduttore da un capo all'altro, bensì si sposta da un atomo a quello adiacente, un elettrone del quale, sotto l'azione di **E** (che si può pensare agisca istantaneamente su tutti gli atomi del conduttore) si è spostato nello stesso istante sull'atomo vicino.

Questa migrazione di elettroni che si perpetua fino all'ultimo atomo, fa sì che si misuri nel conduttore una corrente praticamente contemporanea all'applicazione della d.d.p..

Nel caso in cui il conduttore sia costituito da miscele aeriformi o soluzioni di ioni, le correnti di conduzione dovute allo spostamento di tali ioni sono dette di convezione, in quanto avvengono con trasporto di materia, gli ioni.

Nei conduttori metallici, invece, la corrente è costituita solo da elettroni, che non possono essere considerati materia in virtù della loro massa esigua se confrontata con quella degli altri costituenti dell'atomo, quali i protoni ed i neutroni. Per convenzione, si deve inoltre ricordare che il verso in cui fluisce la corrente è quello in cui si spostano le cariche positive; quindi, se le uniche cariche che si muovono sono gli elettroni, il verso della corrente è quello opposto al loro moto reale. Il caso appena accennato delle soluzioni, che normalmente sono conduttori ohmici, è molto importante per i nostri scopi, in quanto il corpo umano presenta zone conduttive che possono essere assimilate a solu-

zioni ioniche, che prendono anche il nome di soluzioni elettrolitiche.
Si è detto che, in tali conduttori, la corrente è dovuta proprio a fenomeni di trasporto ionico. Dunque, se si applica una d.d.p. a due elettrodi metallici, detti poli, immersi in una soluzione, il campo elettrico che vi si instaura provoca, attraverso la migrazione ionica, un'alterazione delle caratteristiche fisico-chimiche del conduttore stesso.
Più precisamente, le cariche positive migrano verso il polo negativo - catodo o polo a potenziale minore -, mentre quelle negative si spostano verso l'anodo - polo positivo o polo a potenziale maggiore -.
Questo provoca, tra le altre cose, il manifestarsi, nelle vicinanze degli elettrodi, di due reazioni di ossidoriduzione, le quali comportano la sintesi, e il conseguente accumulo locale, di composti chimici la cui natura dipende ovviamente dai reagenti presenti nella soluzione.
Ciò è particolarmente importante se si pensa all'effetto dell'applicazione di una corrente continua ad un tessuto biologico, composto prevalentemente da liquidi in cui sono disciolti dei sali che danno origine a ioni negativi e positivi.
Se prendiamo in considerazione, ad esempio, gli ioni Cl- e Na+, che costituiscono il cloruro di sodio NaCl, ben presente nell'organismo, osserviamo una produzione di acido cloridico HCl all'anodo, e di soda caustica NaOH al catodo, entrambi dannosi per il tessuto stesso. Si può così intuitivamente comprendere perchè nell'elettrostimolazione non si utilizzino correnti continue quindi dovute a d.d.p. costante, ma correnti alternate generate da una d.d.p. che varia ciclicamente. Il continuo cambiamento di polarità degli elettrodi impedisce infatti l'accumulo locale dei prodotti di reazione.
L'ultima manifestazione di fenomeni elettrostatici da considerare riguarda i condensatori. Il loro studio è motivato dal fatto che vi sono forti analogie tra tali sistemi e la risposta fornita da alcune strutture cellulari poco conduttive, ad esempio gli strati esterni dell'epidermide, quando vengono interessate dalle correnti di stimolazione.
Per semplicità si analizza solo il caso del condensatore piano, costituito da due lastre uguali e parallele - chiamate anche armature - la cui distanza reciproca **d** è piccola rispetto alle dimensioni lineari delle lastre stesse.
Come primo esempio, si suppone che tra le due armature vi sia il vuoto. La fisica del condensatore è strettamente legata al tipo di dipendenza temporale che presenta la d.d.p. a cui esso viene collegato. Si consideri dapprima un generatore ideale di tensione continua, un apparato, questo, in grado di mantenere, al variare della corrente erogata, una d.d.p. costante nel tempo tra due sue parti, chiamate poli del generatore.
Tale d.d.p. è detta forza elettromotrice, o f.e.m., ed è responsabile della corrente che si viene ad instaurare in un qualsiasi conduttore che metta in contatto i due poli. L'origine fisica di tale f.e.m. è particolare; diremo solo che essa è generata da un campo non conservativo, di natura non necessariamente elettrica, presente solamente all'interno del

generatore. Se colleghiamo le armature del condensatore ai poli di tale generatore, si può verificare che, trascurando un brevissimo istante iniziale in cui nel circuito fluisce corrente, la condizione di equilibrio che caratterizza il sistema è rappresentata dalla completa assenza di corrente nel circuito e dalla presenza di un campo elettrostatico localizzato unicamente nello spazio vuoto racchiuso tra le due lastre. Si può infatti dimostrare che in condensatore, sotto certe ipotesi qui verificate, il campo elettrico che si instaura è nullo all'esterno delle armature mentre risulta costante nel volume da queste delimitato. Inoltre, tale campo è dovuto a delle distribuzioni di carica indotte sulle due lastre dalla d.d.p.; il numero delle cariche positive presenti sulla lastra collegata all'anodo è uguale al numero delle cariche negative presenti sull'armatura allacciata al catodo. Si definisce capacità del condensatore il rapporto tra la carica totale presente su una delle due armature e la d.d.p. che ne ha causato l'accumulo.

Un altro esempio è costituito dal condensatore alimentato ancora da una d.d.p. continua, il cui volume tra le armature è riempito da un dielettrico (isolante). Tale configurazione meglio rispecchia il comportamento biologico dell'epidermide, isolante, interposta fra l'elettrodo, conduttore, da una parte ed il tessuto muscolare, conduttivo, dall'altra. Il fenomeno di polarizzazione del dielettrico dovuto alle cariche presenti nelle armature produce un secondo campo il cui effetto è quello di rendere inferiore il valore complessivo del campo e di conseguenza anche il numero delle cariche accumulate sulle lastre.

Ciò può anche essere riassunto affermando che, in questo caso, il condensatore possiede una capacità maggiore di quella che avrebbe se, al posto del dielettrico vi fosse solamente il vuoto.

La polarizzazione è un fenomeno caratteristico dei materiali isolanti.

L'applicazione di un campo elettrico ad un campione metallico provoca lo spostamento degli elettroni verso la regione a potenziale maggiore: questi abbandonano dunque gli atomi cui appartengono. Nel caso di un materiale isolante, gli elettroni non riescono a lasciare gli atomi o le molecole di appartenenza. Malgrado questo, il loro moto all'interno di questi viene perturbato in maniera tale che la carica positiva del nucleo non risulti più perfettamente schermata dalla carica negativa degli elettroni che vi orbitano attorno.

L'effetto di questo fenomeno è che l'atomo, pur non perdendo la propria neutralità globale, presenta due accumuli localizzati di cariche di segno opposto.

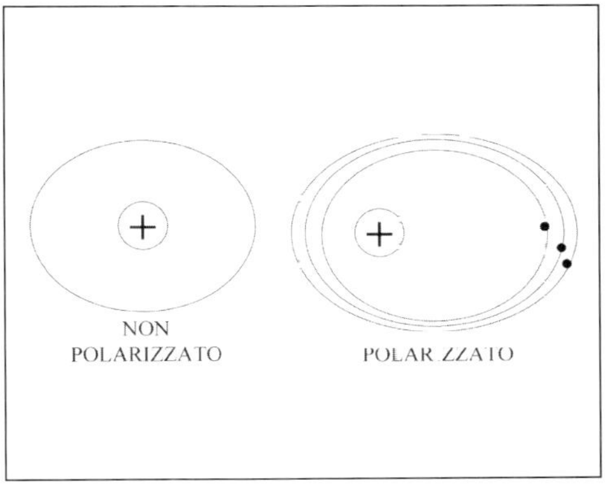

Cos'è **l'Elettrostimolazione**

Il condensatore risulta essere un buon punto di passaggio fra i fenomeni prettamente elettrostatici e quelli elettromagnetici. Si è appena visto come un condensatore alimentato tramite una differenza di potenziale continua si comporti da interruttore aperto, impedendo la propagazione di corrente nel circuito in cui è inserito. Ecco che, se si utilizzasse per l'elettrostimolazione una corrente continua, ci troveremmo nella situazione rappresentata qui sotto, in cui l'elettrostimolatore, gli elettrodi, l'epidermide ed il tessuto muscolare costituiscono un circuito a tutti gli effetti. Tale circuito presenta, oltre al generatore a d.d.p. continua, due condensatori in serie, costituiti dai tessuti muscolari conduttivi, riempiti da materiale dielettrico, l'epidermide.

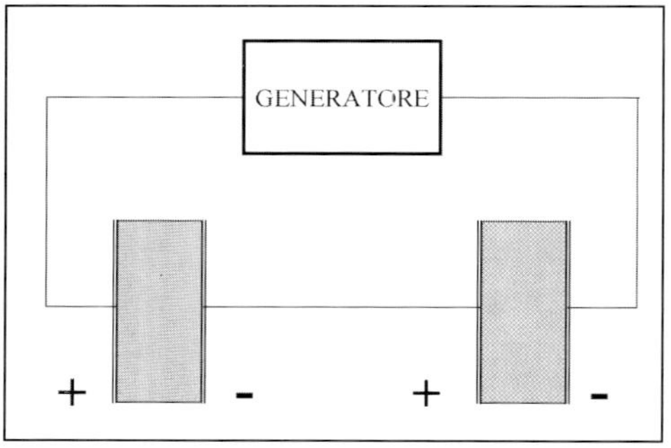

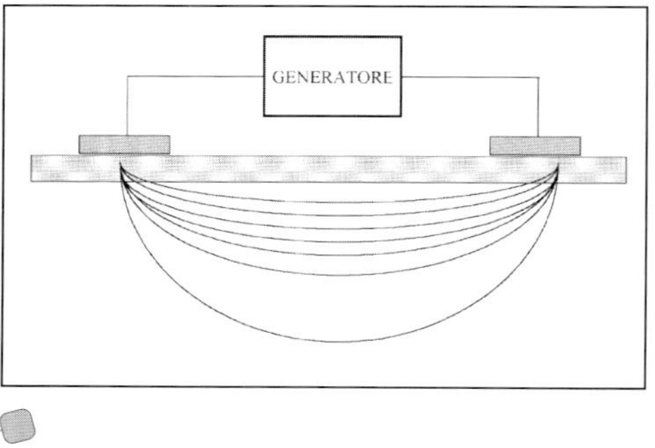

Si è visto che in tale circuito non passa corrente. Dunque, se utilizzassimo differenze di potenziale continue, non potremmo eccitare il tessuto muscolare sottostante l'epidermide. Si consideri adesso un generatore di differenza di potenziale alternata e si alimenti con esso un condensatore (contenente o no del materiale dielettrico). Dopo un periodo di transizione in cui si misura all'interno del circuito una corrente variabile- la cui intensità presenta una dipendenza dal tempo complicata - si può verificare che, in condizioni stazionarie, nel circuito circola una corrente che presenta lo stesso andamento temporale della differenza di potenziale che la genera. Si vede dunque che in questo caso il condensatore si comporta da interruttore chiuso. Se la differenza di potenziale è di forma sinusoidale tale sarà anche l'andamento della corrente nel tempo. Ecco la necessità di utilizzare correnti variabili per l'elettrostimolazione: è l'unico modo perchè il segnale elettrico passi lo strato isolante rappresentato dall'epidermide e raggiunga la fibra muscolare sottostante, a meno di non ricorrere ad elettrodi sottocutanei. Ovviamente la spiegazione di questa diversità di comportamento che presenta lo stesso condensatore a seconda della differenza di potenziale con cui venga alimentato, stazionaria o variabile nel tempo, è contenuta ancora nell'equazione di Maxwell.
Si spera che questa breve e tutt'altro che esauriente trattazione di alcuni fenomeni elettromagnetici possa essere di aiuto per comprendere meglio gli aspetti più teorici dell'elettrostimolazione.

il muscolo e le fibre motorie

Capitolo

3

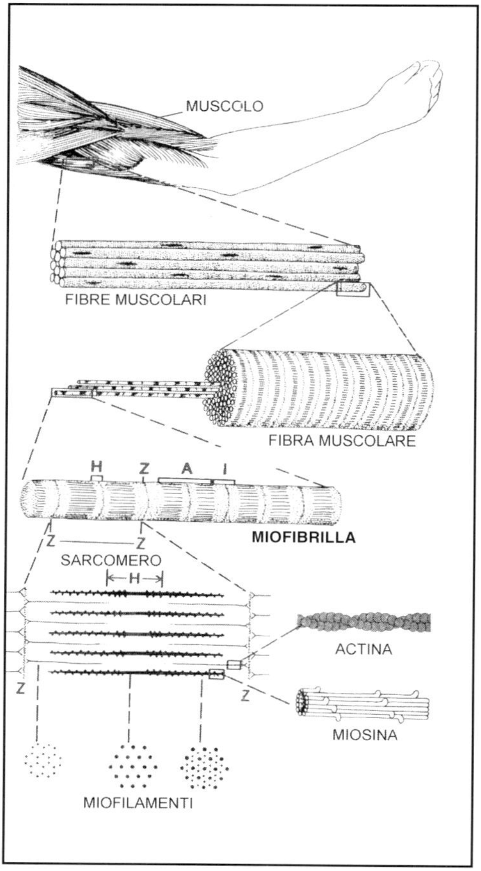

Figura 1: struttura del muscolo scheletrico. Tratto da "Fisiologia dell'uomo" A.J. Vander Il pensiero scientifico Editore

il muscolo e le fibre motorie

Dal momento che lo scopo ultimo dell'elettrostimolazione eccitomotoria è la contrazione del muscolo, influenzandone la capacità di allenamento, è dunque utile fare la conoscenza di questo elemento che è alla base del movimento e su cui si deve agire.

Il muscolo è una struttura complessa, che ha la principale caratteristica di accorciarsi creando un lavoro conseguentemente al movimento dei capi ossei su cui trova inserzione ed origine. La muscolatura fasica, quindi quella sottoposta ad un controllo volontario, deputata all'esecuzione di tutti quei gesti dinamici che sono parte integrante della vita quotidiana, è di tipo striato. I muscoli di que-

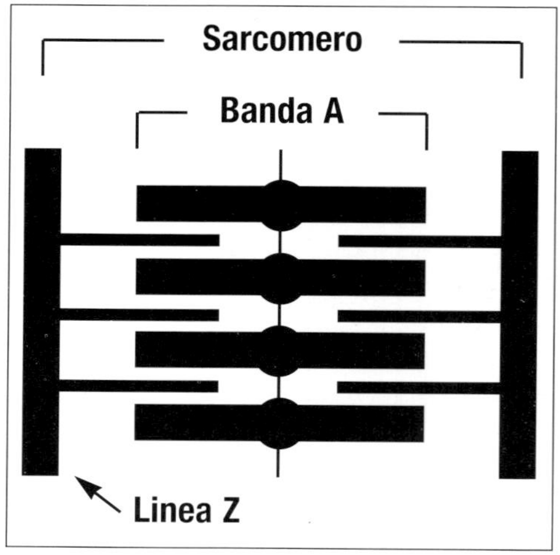

Figura 2: sarcomero, rappresenta l'unità funzionale fondamentale del muscolo.

sto tipo sono costituiti da una serie di elementi di minore dimensione, i fasci muscolari, ricoperti da una guaina connettivale che funge da copertura protettiva.

I fasci, a loro volta, sono costituiti da un insieme di fibre, l'elemento più piccolo che può essere assimilato ad un muscolo in tutto e per tutto; ma anche le fibre sono costituite da una serie di elementi più piccoli, **i sarcomeri**, che mantengono ancora un significato meccanico e funzionale. I sarcomeri rappresentano i vagoni del treno chiamato fibra e rappresentano quindi **l'unità funzionale** elementare del muscolo , svolgendo il loro compito contraendosi in serie, per permettere con questa loro azione l'accorciamento della fibra muscolare in tutta la sua lunghezza, in funzione di quanto **tutti** i sarcomeri che la compongono si accorciano. Questa unità funzionale rappresenta quindi, nella maniera più elementare possibile, la struttura del muscolo nella sua totalità, con le sue caratteristiche di contrazione e rilassamento e conseguentemente di accorciamento ed allungamento. Il muscolo risulta ancorato ai capi ossei a cui trasmette il movimento tramite un'origine ed una inserzione costituite da tessuto tendineo, scarsamente estensibile.

Per capire come viene gestito il movimento dal punto di vista nervoso e come, conseguentemente, l'impulso indotto con l'elettrostimolazione interviene nella modifica di tale segnale si deve conoscere a grandi linee anche l'anatomia del sistema nervoso periferico. Più fibre muscolari sono collegate tramite assoni differenti ad un unico **motoneurone**, elemento deputato al controllo della contrazione, che svolge la funzione di un interruttore per le fibre a cui è collegato, esso raccoglie e "vaglia" tutti gli stimoli, eccitatori ed inibitori che gli giungono, per poi trasmettere, alle fibre sotto il suo controllo, l'eventuale impulso eccitatorio. L'unità funzionale rispecchia, in forma elementare, il circuito complesso del sistema nervoso e permette l'organizzazione e la trasformazione di un segnale centrale in un movimento specifico; essa è costituita dalla fibra afferente al muscolo che ne conduce la sensibilità motoria e da tutte le fibre muscolari che ne sono innervate.

La dimensione di una singola unità motoria "UM" è direttamente proporzionale allo sviluppo di forza che viene richiesta al muscolo di appartenenza ed inversamente proporzionale alla componente di precisione; conseguentemente è tanto più piccola quanto maggiore è la componente di precisione che viene richiesta al muscolo e tanto più grande quanto maggiore è la necessità di forza richiesta al muscolo stesso. Per portare alcuni esempi, le UM di dimensioni maggiori si trovano in muscoli come il **gluteo** o **il quadricipite**, in cui ad un unico motoneurone sono collegate un gran numero di fibre muscolari, dato che tali muscoli devono svolgere attività in cui é necessaria una elevata espressione di forza e scarsa precisione; mentre le UM di dimensioni più contenute sono rilevabili in muscoli deputati a movimenti estremamente fini, quali i **muscoli dell'occhio**.

La singola UM con la trasmissione e l'interpretazione del segnale proveniente dal SNC (sistema nervoso centrale) porta a contrazione **tutte** le fibre muscolari che innerva, indipendentemente dall'intensità dello stimolo; per questo si dice che l'attivazione delle unità motorie risponde alla legge del tutto o del nulla, quindi ogni singolo elemento può o essere attivato o non esserlo, senza ulteriori possibili regolazioni intermedie.
Per trasmettere al muscolo un impulso di contrazione parte dal sistema nervoso centrale un segnale, che percorrendo le vie nervose motorie arriva fino al motoneurone interessato, che è l'ultimo elemento di "smistamento" del segnale nervoso nel suo cammino verso il muscolo.

Motoneurone+
fibre innervate=
unita' motoria.

Oltre a quanto detto in precedenza sulla legge del tutto e del nulla, considerando che nel muscolo ci sono fibre con caratteristiche differenti le une dalle altre, sia dal punto di vista istologico che da quello fisiologico e meccanico si deve anche tenere presente che le fibre innervate da un motoneurone sono **tutte dello stesso tipo**, e conseguentemente che ogni UM è costituita da un gruppo omogeneo di fibre. Per compiere un movimento, nella sua forma più elementare, il segnale dopo essere stato generato in sede centrale, viene trasportato dal SNC ai motoneuroni deputati al controllo della muscolatura che viene interessata dal movimento voluto, e che devono dunque essere attivati. Una volta che l'impulso è giunto a livello del motoneurone, in sede spinale, questo viene attivato e conseguentemente porta ad eccitazione tutte le fibre che innerva, creando un accorciamento del muscolo in toto. L'intensità di una contrazione è dunque legata sostanzialmente al numero di UM che vengono attivate ed, in ultima analisi, anche al tipo di fibre che costituiscono le UM attivate. Fino ad ora si è arrivati a considerare come e per quali vie il segnale arrivi al muscolo, o meglio, in prossimità di questo; ora è necessario capire come l'impulso elettrico arrivi materialmente al muscolo e come venga evocata la contrazione meccanica.
Manca quindi ancora un elemento fondamentale da conoscere, sia dal punto di vista anatomico che funzionale, la **placca motrice** o **neuromotoria**.
A livello locale, al termine dell'assone neuromotorio ci deve essere un elemento che faccia da giunzione tra il tessuto nervoso e quello muscolare; questo elemento è rappresentato proprio dalla **placca motrice**.
Tale struttura svolge una duplice funzione: in primo luogo serve per ottimizzare il passaggio dell'informazione motoria dal tessuto nervoso a quello muscolare; inoltre, trasforma il segnale elettrico in chimico, rendendolo così facilmente interpretabile dalla membrana muscolare all'altro capo della giunzione sinaptica della placca. Un'altra caratteristica interessante da analizzare riguarda la ricopertura delle fibre motorie da parte della **guaina mielinica**, che oltre a permettere una conduzione rapida del segnale trasportato impedisce che l'infor-

mazione stessa possa venire influenzata da altri potenziali d'azione generati nelle vicinanze, all'esterno della fibra.
Questa copertura mielinica è presente su tutta la lunghezza della fibra ad eccezione che in prossimità della placca motrice: per poter innescare una contrazione meccanica delle fibre muscolari è fondamentale che l'impulso che trasporta l'informazione arrivi correttamente fino al muscolo stesso. Si è visto come arriva dal SNC alla placca motrice, ma una volta giunto alla placca neuromuscolare sotto forma di impulso fisico "elettrico" l'informazione deve superare la **giunzione sinaptica** -*Fig. 3*-
Questo passaggio è possibile solo modificando il tipo di informazione da trasmettere, quindi trasformando l'impulso fisico "elettrico" in chimico per mezzo della liberazione di una certa quota di neurotrasmettitore "acetilcolina" che svolge esattamente la stessa funzione dell'impulso elettrico giunto fino alla **placca neuromuscolare**.
Al di là dello **spazio intersinaptico** l'acetilcolina si deposita in siti recettoriali atti a decodificare lo stimolo chimico; questo meccanismo permette di trasformare l'informazione nella risposta meccanica ricercata.
In sostanza se il motoneurone "decide" di reclutare 10 UM, i relativi assoni trasmettono il potenziale d'azione fino alla placca neuromuscolare, dove lo stimolo viene trasformato da fisico a chimico per poter varcare la giunzione intersinaptica, per poi, in ultimo, innescare la contrazione meccanica delle fibre muscolari, esattamente di quelle fibre che risultano collegate a quelle 10 UM attivate in origine dal motoneurone.

Figura 3: schema della struttura di una placca neuromotoria e della sua inserzione muscolare.

allenamento

Capitolo

4

L'ALLENAMENTO

Cos'è l'allenamento

Confalonieri definisce l'allenamento come "l'insieme delle tecniche che consentono ad un individuo la realizzazione massima del suo potenziale genetico, attraverso l'apprendimento di una corretta gestualità e la razionale ripetizione di esercitazioni mirate a modificare l'equilibrio organico individuale per ripristinarlo ad un livello di efficienza superiore".

Arcelli, invece, intende l'allenamento come "l'insieme delle attività fisiche che tendono a provocare o a mantenere nell'organismo quegli adattamenti grazie ai quali la prestazione può migliorare o mantenersi costante".

Dalle definizioni considerate si può comprendere come l'allenamento possa essere considerato principalmente in funzione dei suoi aspetti fisiologici (Arcelli e Confalonieri) o in funzione di aspetti tecnici e biomeccanici.

In ogni caso, però, quando si parla di allenamento si deve sempre far riferimento al concetto di adattamento agli stimoli, caratteristica tipica di tutti gli organismi viventi.

Questa capacità degli organismi di mantenere una condizione di equilibrio e di stabilità reagendo agli stimoli ambientali è detta *omeostasi*, definita come l'insieme delle reazioni specifiche che contribuiscono a mantenere o a ripristinare la costanza dell'ambiente intra ed extracellulare (Cannon, 1929; Montgomery et al, 1980; Viru e Smirnova). Gli organismi viventi mirano quindi a mantenere una condizione di equilibrio reagendo agli stimoli esterni che tendono a creare una situazione di instabilità; questa caratteristica si manifesta attraverso la normalità, quindi la stabilità, di molti parametri quali la temperatura corporea, la frequenza cardiaca, la concentrazione ematica di determinate sostanze.

Indagini hanno parzialmente modificato il concetto di omeostasi; infatti, è stato verificato che alcuni valori un tempo considerati del tutto costanti, subiscono oscillazioni cicliche nel corso della giornata con un ritmo ondulatorio di 24 ore detto **circadiano**.

Tali variazioni consentono di determinare quale sia per un atleta il momento migliore per fornire la massima prestazione o l'ora migliore per allenare una capacità piuttosto che un'altra.

Sindrome generale di adattamento

L'adattamento, come fenomeno di adeguamento ad uno stimolo si esprime con una reazione globale aspecifica dell'organismo, codificata da Hans Selye come **"sindrome generale di adattamento"**.

Selye afferma che qualsiasi stimolo esterno di natura fisica, chimica, o patogenetica, debba essere considerato come un agente aggressore o "stress". Gli agenti stressanti o "stressor" producono sull'organismo due tipi di risposte:

• la prima, assolutamente aspecifica, che determina l'intervento delle ghiandole endocrine, la liberazione di catecolamine e ADH seguita dall'intervento dell'ipofisi, con secrezione dell'ormone corticotropo che stimola i corticoidi del surrene e quindi consente l'instaurarsi dei meccanismi di difesa dell'organismo nei confronti dell'agente stressante.

- La seconda risposta, assolutamente **specifica** per il tipo di "stressor", determina un adattamento specifico dell'organismo, che gli permette di mantenere un'efficienza ottimale.

Se il corpo fosse attaccato da un virus, quindi, si noterebbe una produzione di anticorpi specifici adatti a limitare o ad impedire l'azione dannosa di tale virus.
Questa capacità di adattamento dell'organismo assume un ruolo di primaria importanza proprio per comprendere gli effetti specifici ed aspecifici che l'allenamento impone ai meccanismi fisiologici dell'organismo, agendo come uno "stressor".
In ogni tipo di attività allenante, quindi, sia questa una prestazione di forza quanto una di resistenza, viene interessato tutto l'organismo con risposte specifiche ed aspecifiche.
Schematizzando il principio alla base della sindrome generale di adattamento, applicata all'allenamento, si riscontrano:

- stimolo allenante;
- fatica e calo prestativo;
- progressivo recupero della fatica e conseguente ripristino delle capacità prestative;
- elevazione delle capacità prestative oltre il livello iniziale, per effetto degli adattamenti organici avvenuti con la supercompensazione.

Adattamenti e cambiamenti indotti dall'allenamento

I continui adattamenti agli stimoli allenanti portano a cambiamenti più o meno stabili nell'organismo, che possono essere di natura diversa:

- *cambiamenti anatomici*: - variazioni delle dimensioni del cuore; - ipertrofia; - aumento delle dimensioni dei muscoli scheletrici; diminuzione del grasso corporeo;
- *cambiamenti ultrastrutturali*: - variazioni a livello dei mitocondri; - trasformazione delle fibre muscolari di tipo II in tipo I;
- *cambiamenti biochimici*: legati all'attività enzimatica;
- *cambiamenti funzionali*: consumo di O^2, gettata cardiaca, reclutamento delle unità motorie.

Carico dell'allenamento: carico interno e carico esterno

Con la definizione di carico di allenamento s'intende rispondere al 'esigenza di rendere quantificabili, quindi misurabili, gli stimoli proposti nel processo di allenamento.
I carichi in genere vengono definiti dal **volume** e dall'**intensità**, dove per **volume** si intende la quantità di esercizi, la distanza percorsa, il peso sollevato, mentre per **intensità** si intendono le caratteristiche dell'impegno come la velocità espressa, la potenza utilizzata, i ritmi esecutivi adottati.
Questi parametri, teoricamente, permettono di modificare razionalmente l'allenamento e controllarlo nel tempo.
Nella pratica ci si può trovare di fronte a

situazioni un po' diverse; infatti se si somministra un carico ad un atleta (ad es. 10 volte 100 kg.), non si ha la certezza di assicurare lo stesso effetto su individui diversi, ma neanche sullo stesso soggetto in momenti diversi.
Con questo si intende che la proposta esterna di lavoro ha una risposta diversa all'interno di ciascun individuo, sia nei sistemi che negli apparati, poichè differenti sono gli individui e conseguentemente anche le risposte a stimoli identici.
Nasce quindi la necessità di distinguere il concetto di **carico esterno**, che si può codificare utilizzando delle grandezze fisiche, da quella di **carico interno** che rappresenta la sommatoria degli stress dovuti al carico esterno e delle condizioni psico-fisiche in cui si trova l'organismo in quel momento.
Il ripetersi dell'utilizzo di un carico esterno nella giusta sequenza consente, nel tempo, di indurre il fenomeno dell'adattamento, con un conseguente incremento prestazionale; un eccessivo o scorretto utilizzo di tale carico, invece, comporta un disadattamento quindi un peggioramento delle performances.
Sui concetti di carico esterno ed interno si basa tutta la strutturazione dell'allenamento.
Perchè l'insieme dei carichi esterni abbia l'effetto voluto, l'adattamento, è di assoluta importanza il rispetto di alcune condizioni che potremmo definire "principi dell'allenamento".

PRINCIPI DELL'ALLENAMENTO

Principio della specificità dei carichi

Esprime il concetto per cui la reazione di adattamento si manifesta principalmente negli organi e negli apparati maggiormente interessati dal carico esterno. Gli esercizi anaerobici provocano effetti metabolici e fisiologici completamente diversi e non intercambiabili rispetto agli effetti indotti da esercizi aerobici.
Il miglioramento prestazionale, indotto dalle diverse pratiche, è ben evidente solo durante l'esecuzione dei rispettivi esercizi.

Principio della frequenza

Si riferisce alla necessità di stimolare ripetutamente, in modo specifico, un sistema o un apparato, ad intervalli tali da consentire la più razionale sommatoria degli effetti prodotti dalle singole stimolazioni. La frequenza è però condizionata dal tipo di lavoro proposto, dalle funzioni organiche chiamate in causa, dalle caratteristiche fondamentali dello sport praticato e dal livello di qualificazione dell'atleta.

Principio della progressività del carico

È la necessità di adattare continuamente i carichi alla condizione fisica dell'atleta, che evolve, per poter raggiungere livelli di prestazione sempre più elevati.
L'entità dell'aumento dei carichi viene

determinata attraverso un utilizzo periodico dei test di valutazione funzionale.

Principio della continuità

Indica la necessità di non interrompere il processo di allenamento ma di continuare i diversi cicli, senza soluzione di continuità, in quanto gli adattamenti indotti dall'allenamento sono transitori e reversibili. Tutte le interruzioni di attività comportano uno scadimento delle capacità sviluppate, proporzionalmente alla durata dell'interruzione stessa.

Principio della varietà

È sinonimo di multilateralità, ed ha come obbiettivo quello di utilizzare molteplici mezzi di allenamento per migliorare le qualità che maggiormente condizionano la prestazione presa in esame.

Principio dell'individualizzazione dei carichi

Parte dalla considerazione che le caratteristiche di un individuo sono uniche ed irripetibili; per tale motivo i carichi di lavoro vanno concepiti in maniera tale da assicurare il più efficace ritorno in termini di adattamento, visto che le risposte possono essere diverse anche per lo stesso soggetto in differenti momenti.

I PARAMETRI DEL CARICO DI LAVORO

I tre parametri fondamentali che caratterizzano il carico sono: quantità, intensità, densità. Si definisce quantità di allenamento l'ammontare del lavoro effettuato, il cui scopo è quello di provocare l'adattamento a lungo termine e di variare il volume del carico nell'ambito dei cicli.

Quantità

La quantità si misura in:
- distanza percorsa (allenamento alla resistenza)
- peso totale sollevato (allenamento alla forza)
- tempo effettivo di lavoro
- numero di azioni tecniche (sport di squadra o individuale)

Intensità

L'intensità definisce il livello di impegno con il quale un volume di lavoro viene svolto, oppure la percentuale della capacità di prestazione massima del soggetto. Può essere espressa in vari modi:
- velocità del movimento (m/s)
- percentuale d'impiego (%)
- distanza da superare (m. nei lanci)
- altezza da superare (cm. nei salti)

Da un punto di vista fisiologico la variazione dell'intensità di esecuzione rispetto a quella massima consentita implica una modifica delle modalità di utilizzo dei diversi processi energetici; i conseguenti particolari adattamenti dei parametri "intensità e quantità" sono strettamente collegati, infatti la loro modulazione permette un incremento continuo e stabilizzato della prestazione atletica. L'intensità ha come obiettivo la trasformazione specifica degli adattamenti basilari ottenut grazie alla **quantità** del carico.

Densità

La densità rappresenta un ulteriore modalità di accentuazione del carico sempre sotto l'aspetto dell'intensità.
Questo terzo parametro è dato dal rapporto tra quantità di lavoro compiuto ed il tempo di recupero utilizzato nella stessa unità di allenamento.
La densità è tanto maggiore quanto minore è l'intervallo tra una ripetizione e l'altra; l'incremento di questo parametro va utilizzato con atleti di medio e alto livello.

Come scegliere i mezzi di allenamento

L'allenamento deve essere considerato come un progetto di somministrazione programmata, sistematica e continua di esercizi fisici, i cosiddetti "mezzi di allenamento". Tali mezzi, per essere efficaci devono corrispondere al modello fisiologico dello sforzo compiuto dall'atleta in una specifica disciplina sportiva. In pratica bisogna compiere un'analisi di alcuni aspetti fondamentali della disciplina sportiva in cui si ricerca un incremento prestazionale, considerando:

- il tipo di gesto eseguito dall'atleta
- il numero, il tipo e la localizzazione dei muscoli interessati
- il livello e il tipo di forza prodotta
- la velocità e l'ampiezza del movimento
- l'intensità e la durata dell'attività
- le peculiarità coordinative
- le richieste energetiche

Una volta stabilite le caratteristiche dell'impegno si possono ricercare i mezzi più opportuni per allenarle.

PERSONALIZZAZIONE NELL'AMBIENTE SPORTIVO

La variabilità inter-individuale è determinata dall'influenza dei caratteri ereditari e dall'azione esercitata dall'ambiente; l'allenamento è, come si è già detto, uno degli agenti ambientali in grado di turbare l'equilibrio omeostatico dell'organismo e di indurre un adattamento da parte dei tessuti, degli organi e dei sistemi. L'eredità genetica e le influenze ambientali fanno parte del processo di allenamento, che dev'essere orientato verso le predisposizioni soggettive ad un tipo d'impegno sportivo. Se non si tiene conto o non ci si accorge di questo aspetto, si rischia di compromettere il rendimento sportivo rispetto al talento posseduto. Se le proposte d'allenamento non sono consone alle caratteristiche individuali non si permetterà l'evoluzione delle potenzialità personali che sono la somma dei fattori ereditari

peculiari, cioè il patrimonio genetico di un soggetto, che definiscono il "genotipo". Questo patrimonio è fortemente condizionato dalla risposta dell'organismo a qualsiasi sollecitazione esterna. In campo sportivo rappresenta il misterioso banco di prova con cui misurarsi per orientare lo sviluppo delle capacità dell'atleta, in definitiva si pone come il modo particolare e irripetibile di ciascun atleta nel rispondere agli stimoli esterni. Le risposte che l'organismo ci fornisce in seguito a diversi stimoli ambientali (carichi di lavoro imposti), rappresentano e caratterizzano il "fenotipo", cioè l'unione dell'ereditarietà con le modifiche dettate dall'ambiente.
L'allenamento deve presentare proposte sempre diverse ed individuali perchè parte con genotipi diversi, per arrivare a prestazioni sportive a volte simili tra loro, in virtù di un approccio individualizzato.
In definitiva si può raggiungere un risultato sportivo utilizzando modalità operative differenti visto che diverse sono le potenzialità di partenza.

LA FORZA

La forza può essere semplicemente definita come "l'attitudine di un muscolo a compiere un lavoro, in rapporto all'integrità dei vari complessi anatomici, alla disponibilità delle sostanze energetiche, ed alle condizioni di allenamento". La forza è uno strumento della vita di relazione, dal punto di vista fisico può essere definita come: "la capacità dell'organismo tramite la quale si è in grado di modificare lo stato di quiete o di moto dei corpi".
Certamente la forza è la capacità fisica più importante e non c'è forma d'allenamento che non ne sia condizionata, anche quelle che sembrerebbero non richiederla; specialità che richiedono destrezza, coordinazione e resistenza necessitano di un uso mirato e molto complesso della forza.
Prima di procedere all'analisi dei metodi per svilupparla, può essere utile formulare una classificazione della forza in base a diversi criteri e considerarne le caratteristiche fondamentali.

In base alla lunghezza del muscolo (Zatsiorskij)

- forza statica;
- forza concentrica;
- forza eccentrica.

In base alle modalità di reclutamento

- forza tonico-esplosiva (contro resistenze elevate e veloce reclutamento);
- forza reattivo-balistica (contro resistenze piccole precedute da stiramento);
- forza esplosivo-balistica (contro resistenze limitate precedute da un movimento di arresto).

In base al tempo di applicazione (Harre)

- forza massima;
- forza veloce;
- forza resistente;
- forza speciale;
- forza assoluta;
- forza relativa.

In base al tipo di tensione prodotta

- Isotonica
- Isometrica
- Auxotonica

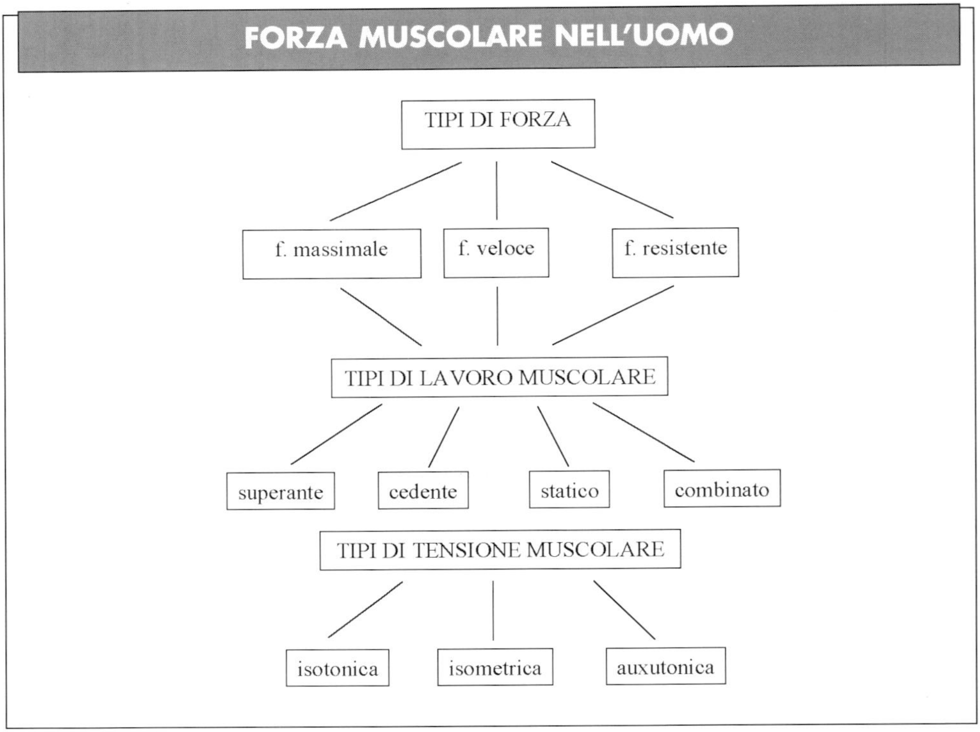

Figura 1: la forza muscolare dell'uomo

In base ad una delle relazioni fondamentali della fisiologia muscolare, il rapporto Forza-Velocità

Dall'analisi del diagramma Forza-Velocità si evince come un muscolo per potersi accorciare velocemente debba produrre poca forza, mentre durante una contrazione lenta, riesca ad esprimere un elevato livello di forza. Poichè un muscolo può lavorare in molti modi, è importante definire le caratteristiche della contrazione cui si fa riferimento, quando si vuole stabilirne la forza espressa (Cavagna).

Analizzando il diagramma Forza-Velocità si possono distinguere le differenti espressioni di forza in funzione della velocità di esecuzione di un gesto e della forza sviluppata.

Con ciò s'intende distinguere le varie espressioni di forza: per meglio comprenderle vediamo la loro collocazione secondo Bosco.

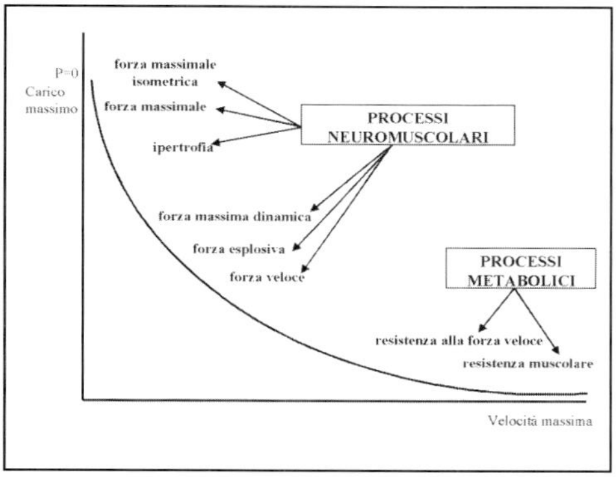

Figura 2: diagramma forza-velocità

Classificazione delle varie espressioni di forza in base alla relazione Forza-Velocità.

Forza eccentrica:
120-130% di 1 ripetizione massimale.
Situazione in cui il muscolo si allunga e sviluppa sempre una maggiore tensione del massimo isometrico.

Forza isometrica:
100% di 1 ripetizione massimale.
Situazione in cui si determina la massima forza con velocità pari a 0.

Forza massima:
90-100% di 1 ripetizione massimale.
Situazione in cui il muscolo supera in modo concentrico una elevata resistenza esterna che può essere vinta una sola volta.

Forza dinamica massima:
55-80% di 1 ripetizione massimale.
Corrisponde ad una velocità di contrazione intermedia, il punto si trova a circa 1/3 della velocità massima di contrazione, dove si ottengono i valori ottimali di massima espressione della potenza, che si calcola come il prodotto della forza muscolare per la velocità di movimento.

Forza veloce:
30-60% di 1 ripetizione massimale.
Corrisponde ad una velocità di contrazione molto elevata, vicina a quella massima e ovviamente a resistenza esterna minima. Questa espressione di forza è determinata prevalentemente da fattori nervosi.

Resistenza alla forza veloce:
Resistenza muscolare ed ipertrofia sono collegate prevalentemente a processi metabolici seppur collocate ad altezze diverse nella curva rappresentata in figura 2, e quindi stimolate con carichi differenti.

Nella moderna scienza dell'allenamento, il carico di lavoro non può essere considerato indipendente dalla velocità con cui viene spostato, quindi devono essere considerati anche i valori di potenza espressa durante l'esecuzione di ogni singola ripetizione.
La parte di allenamento con i sovraccarichi deve essere seguita dalla trasformazione con esercizi eseguiti in velocità, con una ridotta percentuale di carico rispetto al massimale ma eseguiti rapidamente agendo sulla parte veloce della curva Forza-Velocità.

I MECCANISMI DELLA FORZA

Al fine di poter sviluppare adeguatamente la forza, è necessario conoscere i meccanismi che presiedono a tale funzione. Cometti schematizza molto chiaramente tali meccanismi considerandone tre categorie fondamentali sulla base di fattori strutturali, nervosi e di stiramento.

FATTORI STRUTTURALI

Ipertrofia

Le cause dell'ipertrofia cioè l'aumento della sezione trasversa del muscolo sono:

- Aumento delle dimensioni delle miofibrille, in seguito ad allenamenti condotti con 10 rip. per 10 serie, eseguite al massimo delle possibilità in regime concentrico.
- Aumento della vascolarizzazione, grazie all'utilizzo di carichi submassimali 70-80%, sollevati fino all'esaurimento per molte serie.

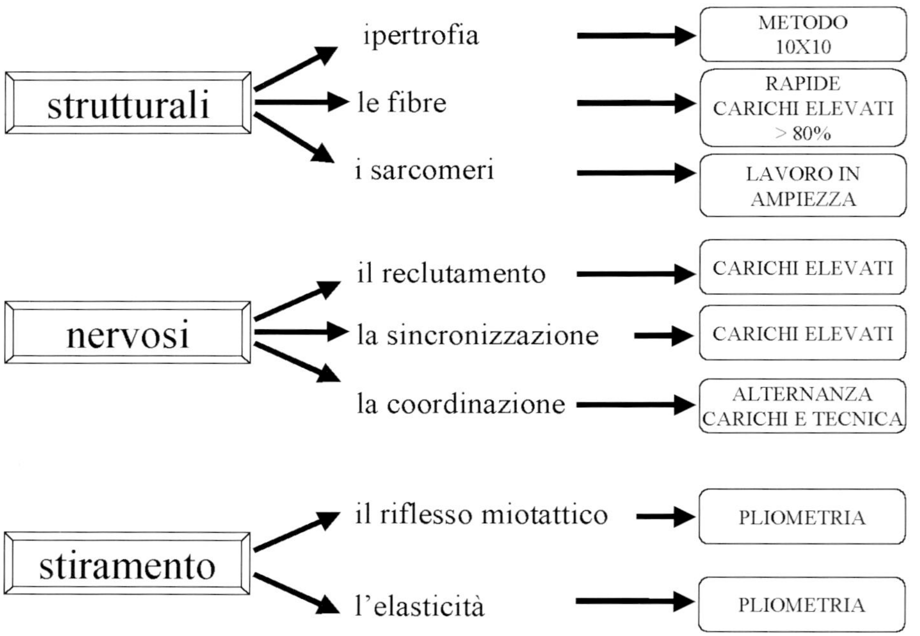

Figura 3: i meccanismi della forza da Gilles Cometti "Metodi moderni di potenziamento muscolare" Calzetti e Mariucci Editore

• Aumento del tessuto connettivo interposto tra le fibre.
• Aumento del numero delle miofibrille, detto anche iperplasia: si ottiene in seguito ad un allenamento molto intenso di forza che procura lesioni alla cellula, la quale dà luogo ad un processo di divisione longitudinale e dà origine a cellule satellite.
Fermo restando che questo fenomeno non è ancora accettato da tutta la comunità scientifica internazionale.

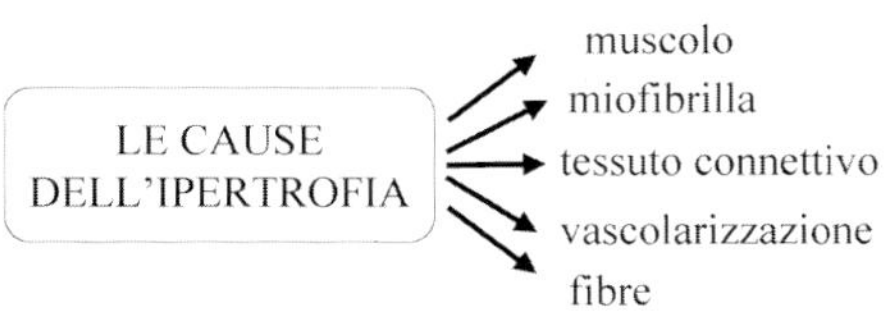

Figura 4: le cause dell'ipertrofia

Fibre

L'allenamento ipertrofico agisce su tutti i tipi di fibre, tuttavia molti autori hanno evidenziato che le fibre veloci subiscono un maggiore incremento di volume con contrazioni di forte intensità, superiori all'80% eseguite alla massima velocità, indipendentemente dalla modalità di contrazione utilizzata.

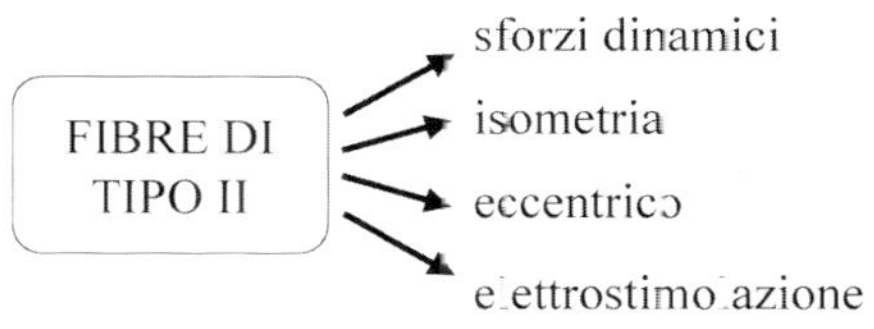

Figura 5: allenamento delle fibre di tipo II

Sarcomeri

Uno dei cambiamenti strutturali del muscolo consiste nell'aumento del numero dei sarcomeri.

• **In parallelo**: quindi i sarcomeri affiancati che concorrono alla determinazione della superficie del muscolo.
La forza totale espressa dipende dalla somma delle forze di ogni singolo sarcomero. Maggiore è il numero di sarcomeri in parallelo, maggiore risulta la forza esprimibile e la sezione della fibra.

• **In serie**: quindi i sarcomeri situati l'uno dopo l'altro, che danno la lunghezza della fibra. Quando sono in serie, l'accorciamento di ogni sarcomero si somma all'accorciamento di tutti gli altri; quanto maggiore è il numero di sarcomeri in serie, tanto maggiore risulta la velocità con cui la fibra si può contrarre.

Alcuni autori hanno dimostrato che, in seguito ad un allungamento muscolare, vi è un incremento di sarcomeri all'estremità della fibra del 20 - 30%: questo crea un aumento della velocità di contrazione e di spostamento.

Al contrario, una immobilizzazione in posizione accorciata porta ad una perdita del numero di sarcomeri, con una conseguente diminuzione dell'ampiezza del movimento articolare.

FATTORI NERVOSI

Reclutamento

Meccanismo attraverso il quale viene incrementata l'espressione della forza, riconducibile alla possibilità di reclutare un numero maggiore di unità motorie, in funzione dell'intensità del carico.
La legge di Henneman o principio della taglia, dimostra che vi è un ordine di reclutamento ed un passaggio obbligato attraverso le fibre lente, che sono quelle più piccole. Un carico ridotto provoca quindi un reclutamento delle fibre lente di tipo I, un carico medio necessita l'intervento sia di quelle lente di tipo I che quelle intermedie di tipo II*a*, infine un carico elevato recluta tutti i tipi di fibre, comprese quelle rapide di tipo II*b*.

Frequenza

È il meccanismo attraverso il quale i motoneuroni scaricano il loro potenziale di azione; l'incremento della frequenza si accompagna ad una maggiore espressione di forza.

Sincronizzazione

Il fenomeno della sincronizzazione è riferito alla possibilità che l'allenamento "insegni" ad usare più unità motorie contemporaneamente, in antitesi con la caratteristica tipicamente asincrona del reclutamento fisiologico delle unità motorie.
Per migliorare la sincronizzazione l'allenamento ad elevata componente pliometrica sembra essere il più adatto.

Coordinazione intermuscolare

Attraverso il miglioramento della coordinazione intermuscolare, cioè il preciso intervento temporale dei muscoli e l'entità della loro contrazione, è possibile aumentare l'espressione globale della forza in un gesto completo.
Tale caratteristica si sviluppa abbinando movimenti analitici a movimenti globali ed è specifica per i movimenti utilizzati nei gesti di gara.

FATTORI DI STIRAMENTO

Riflesso miotatico

Questo riflesso si genera nel corso della fase eccentrica della contrazione; nel momento in cui il muscolo viene stirato rapidamente, per via riflessa, viene indotta l'attivazione concentrica del muscolo stesso. Gli esercizi pliometrici hanno effetti inibitori su questo riflesso, ritardandone l'intervento allo scopo di migliorare la capacità di espressione della forza muscolare.

Elasticità

È la capacità peculiare della fibra muscolare di assumere nuovamente la condizione di riposo, dopo che una forza ha cessato di agire su di essa.
L'elasticità è dovuta alla componente elastica in parallelo delle strutture muscolari, quindi al tessuto connettivo disposto in parallelo alle fibre ed alla componente elastica posta in serie, situata nei tendini.
Anche il filamento elastico di Hoyle, a livello dei ponti actina-miosina, interviene in maniera importante nella risposta elastica delle fibre muscolari.
Questa capacità elastica si manifesta nelle contrazioni eccentrico-concentriche, per cui il muscolo allungato è in grado di accumulare energia e di restituirla successivamente cessata l'azione della forza deformante. Si ottiene così la somma degli effetti derivanti dalla contrazione attiva della muscolatura e la reazione delle componenti elastiche in serie ed in parallelo.
La capacità di utilizzare questa energia è influenzata da tre fattori:

- tempo
- ampiezza dello stiramento
- velocità dello stiramento

METODI DI SVILUPPO DELLA FORZA

Una gran parte dei progressi ottenuti negli ultimi dieci anni nelle prestazioni sportive lo si deve al perfezionamento dei metodi di sviluppo della forza muscolare con sovraccarichi, all'affinamento delle modalità di combinazione delle varie metodiche, alla personalizzazione degli allenamenti in funzione dell'atleta, della sua maturazione, del periodo di preparazione e dell'obiettivo particolare da raggiungere.

SFORZI MASSIMALI: possono essere:

- Contrazioni isometriche massimali;
- Contrazioni eccentriche massimali;
- Contrazioni concentriche massimali;
- Contrazioni concentriche sub massimali;

Caratteristica fondamentale di questi metodi è quella di produrre un'attivazione massimale del sistema nervoso, che coinvolge un numero elevatissimo

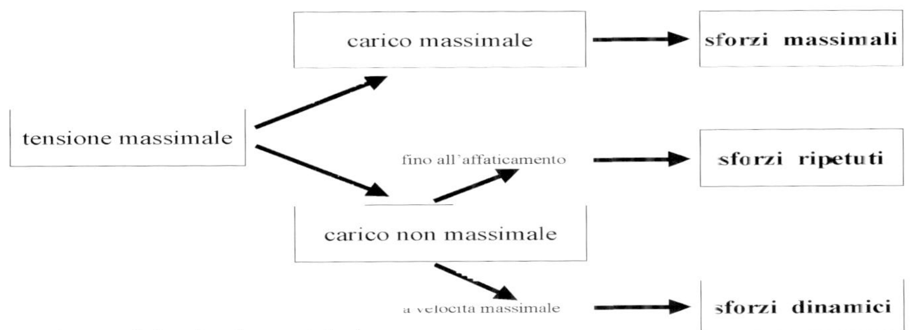

Figura 6: metodiche di sviluppo della forza

di unità motorie.
Tali metodi sono i più efficaci per lo sviluppo della forza, non provocano un livello elevato di ipertrofia e sono utili quindi a quegli atleti che devono conservare il peso corporeo entro certi limiti. L'impegno predominante è nervoso, rispetto a quello metabolico. I carichi utilizzati prevedono percentuali assai vicine, uguali o superiori ai valori massimali dell'atleta. Proprio a causa dell'elevata intensità dei carichi utilizzati vengono eseguite poche ripetizioni e pause complete tra le serie per consentire il ripristino delle capacità nervose.

Contrazioni isometriche massimali

Si tratta di un metodo nel quale la resistenza è fissa ed invincibile, e prevede l'esecuzione ad angoli articolari predeterminati.

Contrazioni eccentriche massimali

Si tratta di un metodo che usa carichi superiori al massimale e l'atleta deve rallentare il carico, superiore al massimale. Va usato con cautela e con atleti evoluti.

Contrazioni concentriche massimali

Si tratta di un metodo combinato nel quale il carico in caduta viene, prima decelerato attraverso una contrazione eccentrica, non massimale, e poi accelerato con un inversione di movimento tramite contrazione concentrica massimale.

Contrazioni concentriche sub massimali

L'utilizzo di metodiche concentriche submassimali consente di modulare il carico utilizzato, il numero delle serie e delle ripetizioni, il tempo di recupero tra le serie

CARICO (% DEL Max)	SERIE	DURATA TENSIONE	PAUSA (MINUTI)	VANTAGGI	SVANTAGGI
100	5	3"- 6"	3 - 5	Facilità di utilizzo	Noia, angoli di lavoro

Contrazioni isometriche massimali

CARICO (% DEL Max)	SERIE	RIPETIZIONI	PAUSA (MINUTI)	VANTAGGI	SVANTAGGI
120 -140	3	2 - 3	3	Maggior tensione, minor dispendio energetico	Dolore muscolare, recuperi lunghi, partner

Contrazioni eccentriche massimali

CARICO (% DEL Max)	SERIE	RIPETIZIONI	PAUSA (MINUTI)	VANTAGGI	SVANTAGGI
100	3 - 5	1	3 - 5	Inibisce CTG, eccita riflessi da Stiramento	Dolore muscolare, atleti evoluti infortuni

Contrazioni concentriche massimali

CARICO (% DEL Max)	SERIE	RIPETIZIONI	PAUSA (MINUTI)	VANTAGGI	SVANTAGGI
80	6 - 16	5 - 7	3	Azione sui fattori nervosi e massa	Ripetizioni efficaci solo su organismo stanco

Sforzi ripetuti

CARICO (% DEL Max)	SERIE	RIPETIZIONI	PAUSA (MINUTI)	VANTAGGI	SVANTAGGI
40 - 50	10 - 15	6 - 15	3	Azione sulla forza veloce e fattori nervosi	Difficoltà di esecuzione, abitudine al lavoro

Sforzi dinamici

confezionando allenamenti con caratteristiche differenti in base agli obiettivi che si vogliono ottenere. Nell'ambito di questa metodica basata sulle contrazioni concentriche sub massimali vengono analizzate tre possibilità di allenamento:

- Sforzi ripetuti
- Sforzi dinamici
- Contrazioni concentriche vicino al massimale

Sforzi ripetuti

Questo metodo prevede di sollevare il carico fino all'esaurimento muscolare.

Sforzi dinamici

Si eseguono tutte le ripetizioni alla massima velocità.

CARICO (% DEL Max)	SERIE	RIPETIZIONI	PAUSA (MINUTI)	VANTAGGI	SVANTAGGI
90 - 100	4 - 7	3 - 1	3 - 5	Azione sui fattori nervosi	Recuperi lunghi tra le sedute

Contrazioni concentriche vicino al massimale

Contrazioni concentriche vicino al massimale

Si prevedono poche ripetizioni iniziali, su base piramidale, per giungere rapidamente ad un'unica ripetizione massimale.

METODICHE DI ALLENAMENTO TRADIZIONALE

Metodo bulgaro

Consiste nell'alternare, durante la stessa seduta, serie con carichi elevati a serie con carichi leggeri, ricercando sempre la massima velocità di esecuzione. Questo metodo permette la trasformazione della forza massima in forza veloce, può avere numerose varianti ed essere applicato alla metodologia Zatsiorskij.

Metodo piramidale

Il metodo piramidale si basa sul principio dell'alternanza dei parametri di volume ed intensità del carico.
Se si diminuisce il numero delle ripetizioni aumenta il carico da utilizzare.
A seconda della qualità che si ricerca si possono avere differenti tipo di piramidi. Come si può notare dalle immagini nella pagina seguente, la piramide può essere tronca, normale, tronca doppia o doppia normale.
Se si parte da un numero elevato di ripetizioni, da 10 a 12 con percentuale di carico tra il 70% e l'85 %, si agisce sull'ipertrofia mentre utilizzando un basso numero di ripetizioni, da 3 a 5 e un carico tra il 90 e il 100 % si incrementa prevalentemente la forza.

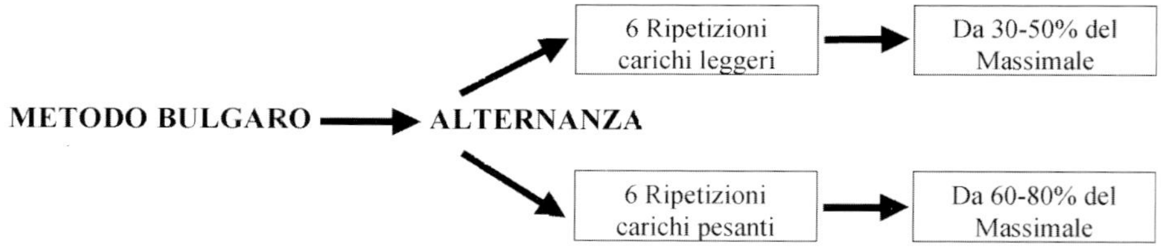

Figura 7: metodo Bulgaro

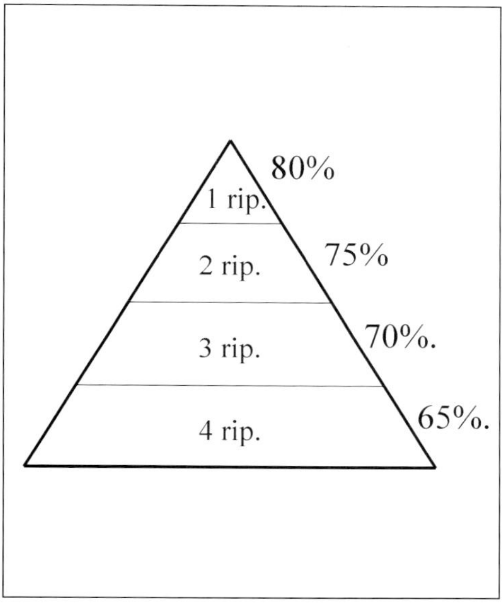

Fig.8 Piramide "normale"

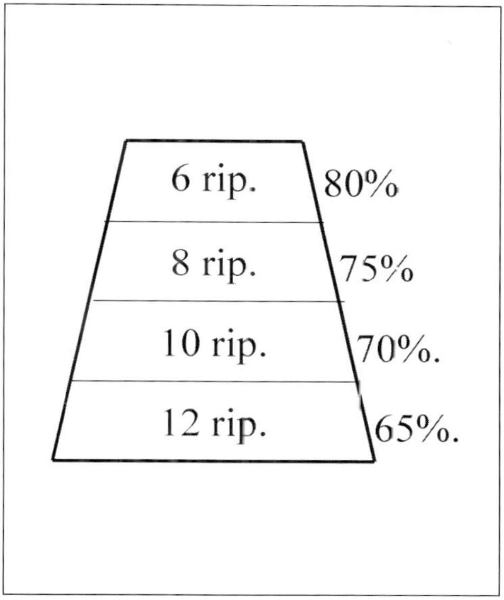

Fig.9 Piramide "tronca"

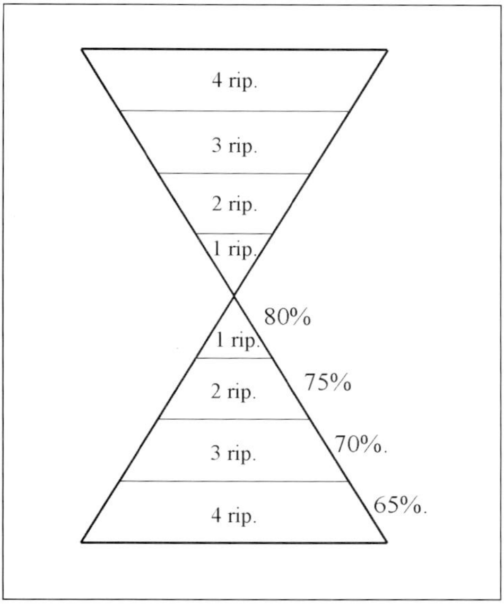

Fig.10 Piramide "doppia normale"

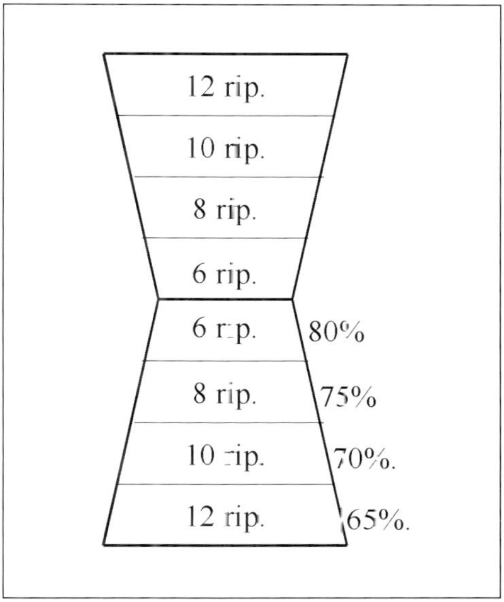

Fig.11 Piramide "doppia tronca"

Metodo a circuito

Consiste nell'organizzare singoli esercizi per lo sviluppo di diversi distretti muscolari in sequenza continua.

Vengono stabiliti 6 - 12 esercizi da eseguire per una serie sola senza sosta sino al completamento del circuito.

Quest'ultimo viene ripetuto dalle 3 o 4 volte e si recupera 2 - 3 minuti solo fine di ogni circuito; si possono organizzare circuiti specifici per la forza, forza veloce e forza resistente.

Metodi isometrici

I metodi isometrici possono essere massimali e totali.

Massimale: si esprime contro una resistenza invincibile.

Totale: quando viene inserita una fase isometrica durante una fase di lavoro con contrazioni dinamiche concentriche o eccentriche.

Metodo eccentrico-concentrico

Consiste nell'eseguire ripetizioni negative con il 100% del massimale: si scarica parte del sovraccarico, con l'aiuto di un partner, e senza pausa si continua con altre 5/6 rip. concentriche utilizzando un carico inferiore a quello massimale. Il più famoso metodo

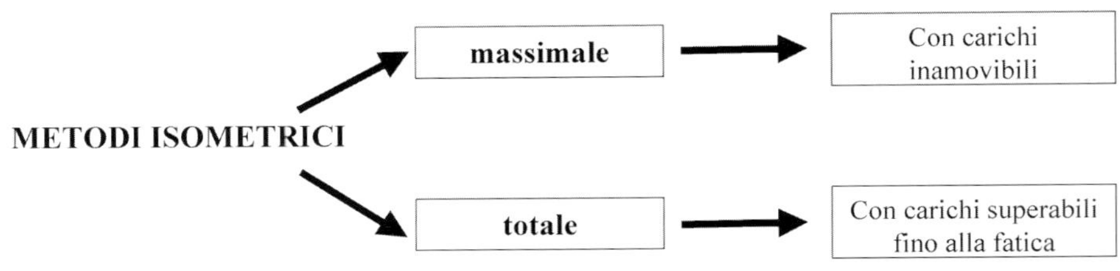

Figura 12: metodi isometrici

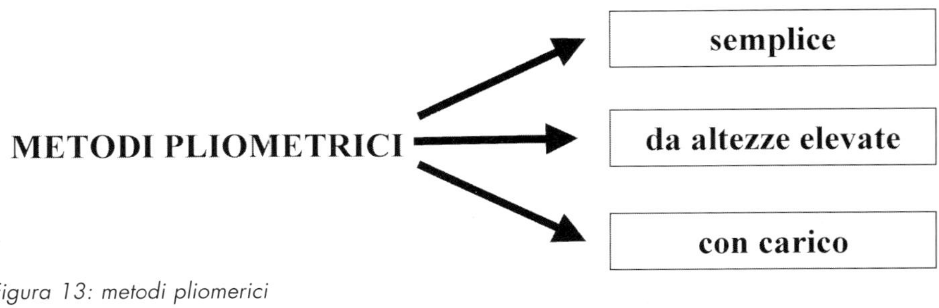

Figura 13: metodi pliomerici

eccentrico-concentrico, particolarmente intenso, è il "120-80" che consiste nel rallentare eccentricamente un carico del 120% del massimale e sollevarne uno dell'80%.

Metodi pliometrici

La pliometria semplice comprende esercizi di balzi, salti alla corda, corsa balzata, salti dal plinto basso (20 cm.) salti dalle panche, ostacoli bassi ecc.
La pliometria da altezze elevate prevede salti con rimbalzo da plinti da 60/100 cm. di altezza, utilizzando diverse angolazioni del ginocchio.
La pliometria con carico consiste nell'eseguire esercizi di squat introducendo uno o più tempi di molleggio durante la salita.
Le esercitazioni pliometriche rappresentano il miglior mezzo di allenamento per potenziare la forza esplosivo-balistica.

METODI DI ALLENAMENTO PER L'IPERTROFIA

Il principio fisiologico dell'ipertrofia si basa sulla massima distruzione dei composti energetici e proteici della fibra muscolare in modo tale che venga ricostruito un patrimonio sempre più elevato mediante il meccanismo della supercompensazione.
Devono verificarsi inoltre due condizioni:

- Entità della tensione.
- Tempo di mantenimento della tensione.

Perchè si verifichino queste condizioni ottimali bisogna allenarsi con carichi dell'ordine del 70-85% del massimale, effettuando 6 - 10 serie da 6 - 12 ripetizioni.
Il metabolismo interessato da queste metodiche di allenamento è quello anaerobico lattacido; tale condizione favorisce i processi ormonali e il turn-over proteico.
Alcuni autori hanno dimostrato che il numero ideale di ripetizioni per ottenere il massimo sviluppo della massa muscolare è di 10 ripetizioni massimali.

Il metodo 10 x 10 di Zatsiorkij

Questo metodo consiste nell'eseguire 10 serie di 10 ripetizioni con un carico circa del 70% del massimale con 45"-90" di recupero fra le serie.
La velocità di esecuzione delle ripetizioni deve essere massimale, allo scopo di provocare tensioni muscolari elevate che determinano la sollecitazione di tutte le fibre.

TECNICHE INTENSIVE PER L'IPERTROFIA MUSCOLARE

Queste tecniche mirano tutte ad aumentare il grado di affaticamento muscolare e ad enfatizzare l'esaurimento muscolare per stimolare al massimo la supercompensazione.

Post-affaticamento

Si tratta di far eseguire senza pause un esercizio globale poliarticolare ed uno analitico monoarticolare.
Esempio:

- panca orizzontale 10 ripetizioni

massimali + pectoral machine 6 ripetizioni massimali
• squat 10 ripetizioni massimali + leg extension 6 ripetizioni massimali.

Pre-affaticamento

È identico al precedente solo che l'esercizio di isolamento analitico viene effettuato prima di quello globale.
Esempio:
• pectoral machine 6 ripetizioni massimali + panca orizzontale 10 ripetizioni massimali.

Super serie

Antagoniste: si tratta di unire un esercizio per un muscolo agonista e uno per il suo antagonista senza intervalli.
Esempio:
• leg extension 10 ripetizioni massimali + leg curl 10 ripetizioni massimali.
• Bicipiti con bilanciere 10 ripetizioni massimali + tricipiti alla poliercolina 10 ripetizioni massimali.
Agoniste: vengono utilizzati due esercizi diversi sullo stesso muscolo analogamente al metodo del post affaticamento.
Esempio:
• squat 10 ripetizioni massimali + leg extension 10 ripetizioni massimali.

Serie che bruciano (burns)

Una volta effettuate 10 ripetizioni massimali, si prosegue con movimenti incompleti su un angolo particolare di lavoro per circa 5 - 6 ripetizioni massimali. Questo metodo viene utilizzato particolarmente per l'allenamento dei muscoli delle braccia.

Serie forzate

Consiste nel proseguire il lavoro, con l'aiuto di un partner per 2 - 3 ripetizioni massimali, dopo aver effettuato le solite 10 ripetizioni massimali.
Esempio:
• panca orizzontale 10 ripetizioni massimali + 2 - 3 forzate.

Serie giganti

Questo metodo prevede l'esecuzione di più esercizi sullo stesso gruppo muscolare, per un totale di 4 - 6 serie sempre da 10 ripetizioni ciascuna e senza recupero tra gli esercizi.
Esempio:
• panca orizzontale 10 ripetizioni massimali + pectoral machine 10 ripetizioni massimali + panca inclinata 10 ripetizioni massimali + croci ai cavi 10 ripetizioni massimali.
Esempio:
• lento con manubri 10 ripetizioni massimali + aperture laterali 10 ripetizioni massimali + aperture a 90° 10 ripetizioni massimali.

Rest pause

Serie di poche ripetizioni con carichi elevati intervallate da pochi secondi di recupero.
Esempio:
• panca orizzontale 3 ripetizioni massimali al 90% 10" - 15" + 2 ripetizio-

ni massimali al 90% 10" di recupero, 1 ripetizione + i massimali al 90 % . Questa tecnica va applicata solo su esercizi base.

Cheating

Si tratta di utilizzare movimenti di compenso che consentono di sollevare carichi più pesanti. Questa tecnica permette di bypassare l'inizio del movimento o gli angoli più faticosi che limiterebbero il carico da utilizzare.

Serie a 21

Consiste nell'effettuare 21 ripetizioni con angolo diverso.

Esempio:

bicipiti con bilanciere

- 7 rip. con angolo di lavoro da 180° a 120°
- 7 rip. con angolo di lavoro da 120° a 30°
- 7 rip. con angolo di lavoro da 180° a 30°

Stripping

Serie nella quale, una volta raggiunto il massimo stress muscolare con le 10 ripetizioni, il partner abbassa il peso per permettere altre ripetizioni e così per 2-3 serie, finchè non sopraggiunge l'esaurimento muscolare.

Esempio:

Panca inclinata 10 ripetizioni massimali al 75% + 10 ripetizioni massimali al 60% + 10 ripetizioni massimali al 40%.

TEMPO DI RECUPERO TRA LE SERIE

In merito a questo argomento le versioni dei vari autori sono differenti. Secondo Cometti la pausa fra e serie dovrebbe essere di 3 minuti per permettere l'impoverimento muscolare ma sufficiente per consentire un'elevato numero di serie e ripetizioni. Zatsiorkij ritiene questa debba essere di 45"/90" per la distruzione massiva e la ricostruzione incompleta di ATP e proteine. Secondo Harre s ceve rispettare una pausa di 2/3 minuti fra le serie. Molto interessante sembra la teoria di Kramer secondo la quale il recupero ideale è di un minuto in quanto in tale tempo si verifica la maggior produzione di GH, l'ormone della crescita.

effetti biologici di una corrente elettrica

Capitolo

5

libreria dello sport

Effetti biologici di una corrente elettrica

La corrente elettrica si presta a numerose applicazioni, tutte potenzialmente utili al miglioramento della qualità della vita, ma anche potenzialmente dannose, se non ben controllate e se non correttamente sfruttate.
Dal momento che ci si occupa dell'utilizzo della corrente elettrica applicata direttamente sull'uomo è bene analizzare quali sono i suoi possibili effetti sui tessuti organici, sia quando questi sono voluti, sia quando sono ricercati.

Effetto termico

Una delle principali caratteristiche della corrente elettrica è la sua capacità di elevare la temperatura di ciò che attraversa.

Bruciatura

L'utilizzo di parametri elettrici particolarmente elevati ed in condizioni particolari permette di ottenere l'ustione dei tessuti attraversati dalla corrente.
Questa caratteristica della corrente elettrica, potenzialmente dannosa per la salute, viene normalmente utilizzata in chirurgia.
Il bisturi elettrico, infatti sfrutta questa capacità della corrente per poter effettuare una cauterizzazione del taglio, contemporaneamente all'incisione.

Effetto galvanico

La corrente elettrica è in grado di trasportare molecole ionizzate, spostandole da un punto ad un altro seguendo le linee di forza generate dal campo elettrico.
Questa caratteristica della corrente elettrica viene utilizzata in ambito terapeutico per veicolare localmente farmaci ionizzati all'interno del corpo senza ledere la barriera cutanea.
Se l'effetto galvanico non è ricercato e controllato può portare ad una polarizzazione dei tessuti, dal momento che l'azione di trasporto della corrente svolgerebbe la sua azione sulla parte ionica delle molecole presenti creando localmente uno squilibrio della loro distribuzione.
Se questa condizione di sbilanciamento permane per un periodo sufficientemente lungo, anche in funzione dei parametri elettrici della corrente applicata, la ionizzazione localmente può portare ad un'ustione chimica dei tessuti.
Questa applicazione ionoforetica della corrente elettrica, molto utile in ambito terapeutico, risulta estremamente pericolosa se riscontrata come effetto collaterale della stimolazione eccitomotoria.

Effetto eccitatorio

Alcuni tessuti possono essere eccitati elettricamente, passando da una condizione di riposo ad una di attivazione.
Questo meccanismo eccitatorio può essere innescato tanto per via endogena, quindi dal sistema nervoso, quanto per via esogena, quindi con stimoli elettrici indotti dall'esterno, ottenendo risultati analoghi.
Questa caratteristica della corrente elettrica e le sue applicazioni sull'uomo, ed in particolare sulla muscolatura scheletrica umana, costituisce il punto di partenza dell'elettrostimolazione eccitomotoria e della sua funzione allenante.

potenziale di membrana

Capitolo

6

Potenziale di membrana a riposo

Tutti i tessuti organici hanno un proprio equilibrio elettrico, ciò significa che se si misura la carica elettrica dei tessuti, questa non è nulla; per conoscere il valore della carica elettrica dei tessuti, si deve misurare la differenza di potenziale elettrochimico rilevabile tra l'interno e l'esterno della membrana sarcoplasmatica. Da questa misurazione si scopre che il valore di questo potenziale é inferiore a "0"; ciò significa che all'interno delle cellule vi é un accumulo di ioni negativi, in altre parole se si rappresentasse graficamente la carica elettrica di una qualsiasi cellula si vedrebbe una situazione simile a quella rappresentata in figura.

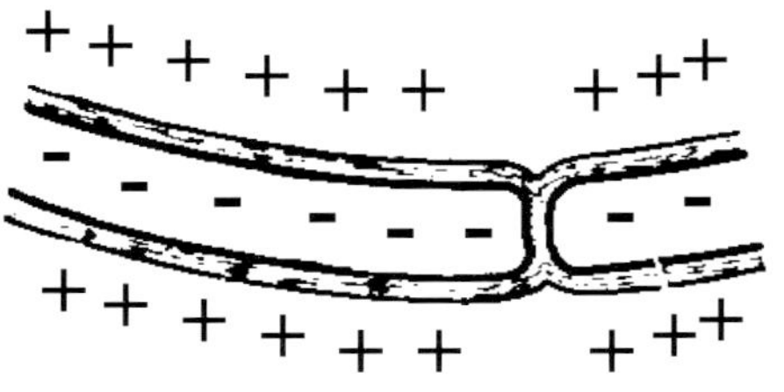

Fig. 1 Potenziale di membrana a riposo

La carica elettrica di ciascun tipo di cellula è caratteristica e prende il nome di potenziale di membrana dal momento che é calcolato a cavallo della membrana cellulare. Il valore che il potenziale assume in una condizione di riposo, quindi di normalità, prende il nome di **potenziale di membrana a riposo** ed è caratteristico per ogni tipo di cellula. È importante la definizione del potenziale di membrana a riposo per differenziarlo dalla condizione elettrica di attivazione in cui il potenziale di membrana subisce un brusco cambiamento.

Funzione del potenziale di membrana

Il potenziale di membrana svolge una funzione analoga a quella di un filtro; questa condizione elettrica di riposo, può essere modificata per effetto di stimoli specifici. Se lo stimolo che raggiunge il tessuto è tale da modificare il potenziale di membrana in maniera importante la cellula reagisce e passa dalla sua condizione di **riposo** ad una condizione di **attivazione**, ma se lo stimolo che arriva al tessuto non è tale da modificare in maniera importante il potenziale di membrana a riposo la cellula non reagisce e tende a ripristinare al più presto la sua condizione di normalità.
L'azione di filtro svolta dal potenziale di membrana permette quindi che solo gli stimoli importanti provochino effettivamente una risposta dell'organismo.
Come tutti i meccanismi fisiologici automatici dell'organismo anche il potenziale di membrana e le sue possibili modificazioni, in funzione degli stimoli, devono essere regolate da limitazioni estremamente rigide; questa regolamentazione, estremamente semplice, è legata a dei valori che fungono da soglia per la determinazione della condizione di riposo. Quindi se uno stimolo modifica il potenziale di membrana elevandolo al di sopra di un dato valore, ben preciso, il tessuto reagisce attivan-

dosi, se l'impulso non è in grado di creare questo grado di modifica rispetto al potenziale a riposo, non si riscontrano risposte del tessuto.

Valore di soglia

Il valore del potenziale elettrico che funge da limite prende il nome di potenziale soglia; fino a quando il potenziale di membrana non raggiunge il potenziale soglia non si riscontra alcun tipo di risposta allo stimolo, mentre appena viene raggiunto questo valore il tessuto reagisce dando vita ad una reazione che modifica, a sua volta, il potenziale di membrana.

Condizione	Potenziale di membrana
Riposo	NEGATIVO
Soglia	NEGATIVO
Attivazione	POSITIVO

Considerando il valore di soglia di due tessuti che interessano la contrazione muscolare, quello nervoso e quello muscolare, si riscontra che per entrambi i tessuti il valore è pari a **-55 mV**.
La differenza principale fra questi due tessuti, a livello di potenziale di membrana, è

Tessuto	Potenziale di membrana	Soglia di eccitazione
Fibre nervose Motorie	-70 mV	-55 mV
Fibre muscolari	-90 mV	

però legata al valore di riposo che per il tessuto nervoso è pari a **-70 mV** mentre per il tessuto muscolare è pari a **- 90 mV.**

Potenziale di attivazione (potenziale d'azione)

Per approfondire la comprensione delle funzioni svolte dal potenziale d'azione ed in ogni caso di tutte le modifiche della condizione di riposo del potenziale di membrana è utile considerare solo i valori di riferimento del tessuto nervoso. Quando uno stimolo, endogeno o esogeno, raggiunge il tessuto nervoso, modifica il potenziale elettrico della membrana cellulare; quando l'alterazione del potenziale di membrana è tale da raggiungere il valore di soglia viene innescato un meccanismo **automatico** di risposta allo stimolo. Questa risposta automatica viene innescata da una modifica del potenziale elettrico e genera una nuova modifica del potenziale di membrana, di intensità molto elevata.
In sostanza il superamento del valore di soglia comporta una accelerazione, in via automatica, della modifica del potenziale di membrana; quindi una volta che viene raggiunto, grazie a qualunque stimolo, il valore di **-55 mV**, si scatena una risposta automatica e non più arrestabile che modifica ulteriormente, ed in maniera importante, il potenziale elettrico a livello della membrana cellulare. Il meccanismo automatico che si innesca al raggiungimento del potenziale di soglia, si chiama **potenziale d'azione**. La condizione elettrica cellulare è mantenuta stabile grazie ad un'interazione di fenomeni elettrici e chimici; a

livello della membrana cellulare, infatti, sono attivi dei meccanismi di trasporto attivo che veicolano ioni elettricamente carichi all'interno o all'esterno della membrana stessa. Questi meccanismi elettrochimici sono anche i responsabili diretti della generazione del potenziale d'azione. Al raggiungimento del valore di soglia, per effetto di uno stimolo, vengono modificati i meccanismi che mantengono costante il valore elettrochimico a cavallo della membrana, permettendo uno scambio di ioni fra l'interno e l'esterno delle cellule; proprio in virtù di questo scambio di ioni si giunge ad un'ulteriore modifica del potenziale di membrana con la generazione di un potenziale d'azione. Una volta che la membrana raggiunge il valore di soglia vengono alterati i meccanismi che regolano la stabilità elettrochimica della membrana cellulare: questo meccanismo permette di creare una modifica importante e molto rapida del potenziale di membrana. Il potenziale d'azione modifica non solo il valore del potenziale di membrana, ma addirittura ne inverte la polarità, che passa da un valore negativo ad uno positivo.

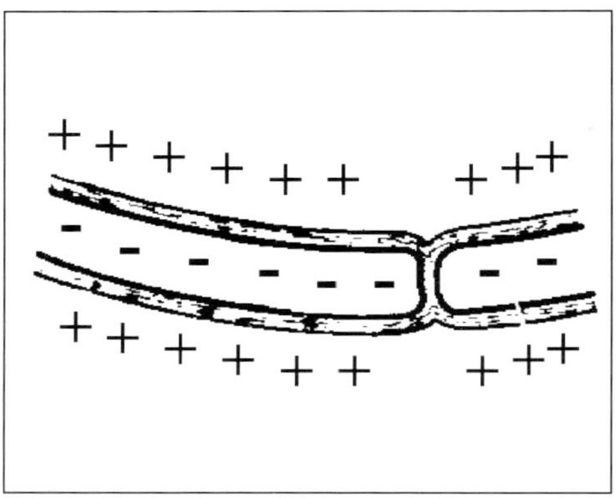

Fig.2 Potenziale di membrana a riposo

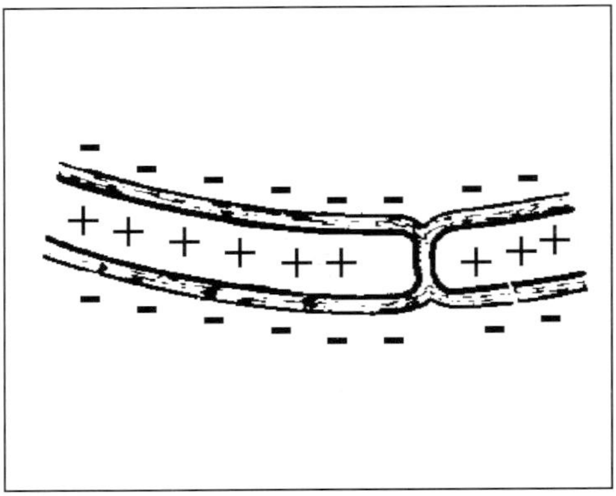

Fig.3 Potenziale di membrana durante l'attivazione

Quando le cellule sono in una fase di attivazione, la membrana cellulare viene temporaneamente polarizzata, arrivando ad un'inversione della polarità rispetto alla condizione di riposo.

Questa condizione di temporanea polarizzazione dei tessuti consente una trasmissione dell'impulso lungo l'asse delle fibre nervose, e se si considera uno stimolo elettrico indotto, consente che l'impulso indotto dall'esterno giunga fino alla placca neuromuscolare, zona in cui si trova il collegamento fra tessuto nervoso e tessuto muscolare. Guardando una fibra nervosa mentre è percorsa da un potenziale d'azione si può vedere una situazione in cui tutta la fibra nervosa risulta in condizioni di riposo, quindi depolarizzata, mentre nel tratto in cui è presente il potenziale d'azione si può evidenziare una condizione di polarizzazione. Considerando, come valore di normalità, la presenza a livello dei tessuti di un potenziale elettrico negativo, si può comprendere come, in certe situazioni, la presenza di un'inversione della polarità possa essere utilizzata come un mezzo di comunicazione. La trasmissione di queste perturbazioni della stabilità dei tessuti, a livello delle fibre nervose, avviene come in una reazione a catena; quindi se lo stimolo che inizialmente giunge a livello del tessuto nervoso è di entità tale da consentire la generazione del potenziale d'azione, questo viene trasmesso lungo l'asse della fibra nervosa fino alla placca neuromuscolare.

Funzione del potenziale d'azione

Il potenziale d'azione funge da messaggero all'interno dei tessuti nervosi, infatti la presenza di questa modifica della condizione di riposo delle fibre nervose consente che vengano trasferite delle informazioni lungo l'asse delle fibre nervose. Questa condizione di inversione della polarità di membrana viene trasmessa lungo le fibre nervose con un meccanismo analogo a quello che avviene nelle reazioni a catena. Se si analizza, come in una fotografia, una fibra nervosa mentre viene trasmesso un potenziale d'azione, si può notare la presenza di una zona in cui la polarità del tessuto è invertita; se si analizza la stessa fibra nervosa a distanza di un breve lasso di tempo, si vede sempre la presenza del potenziale d'azione, ma l'inversione della polarità non è più nello stesso punto di prima, infatti si è spostata dall'origine della generazione del potenziale d'azione.

Schema di generazione del potenziale d'azione

- Condizione di riposo del tessuto nervoso, con il valore del potenziale di membrana pari a **-70 mV**.
- Intervento di una causa di disturbo della condizione di riposo, quindi di uno stimolo specifico.
- Modifica del potenziale di membrana fino al raggiungimento del valore soglia, quindi il potenziale arriva al valore di **-55 mV**.
- Modifica dei meccanismi che consentono il mantenimento delle condizioni elettrochimiche di stabilità e generazione del **potenziale d'azione** fino all'inversione di polarità del tratto di fibra nervosa in cui è riscontrabile la presenza del potenziale d'azione.
- Trasmissione del potenziale d'azione lungo la fibra nervosa fino al raggiungimento del tessuto bersaglio.

Cosa avviene se non viene raggiunto il valore di soglia

Se lo stimolo iniziale non è tale da far raggiungere al tessuto il potenziale soglia non si riesce ad innescare il potenziale d'azione, quindi non vi è la possibilità di trasmettere l'informazione lungo la fibra motoria. Non tutti gli stimoli infatti riescono a generare i potenziali d'azione ma l'intervento di qualunque stimolo comporta un'alterazione, anche minima, della condizione di riposo; tutti gli stimoli che non innescano la generazione di un potenziale d'azione generano una **risposta locale**. Una risposta locale ad uno stimolo comporta una modifica del potenziale di membrana, alterando la condizione di riposo, ma questa alterazione non ha effetti se non localmente.

meccanismo della contrazione indotta con elettrostimolazione

Capitolo

7

Meccanismo della contrazione indotta con Elettrostimolazione

La contrazione della muscolatura scheletrica avviene normalmente per effetto di un reclutamento volontario e, tramite vie nervose motorie, raggiunge la muscolatura che risponde in funzione dello stimolo ricevuto. La trasmissione delle informazioni dal Sistema Nervoso Centrale -SNC- alla periferia avviene per mezzo di impulsi elettrici trasportati dal tessuto nervoso come se fosse un normale conduttore. Questo stesso meccanismo può, in linea teorica, essere attivato anche utilizzando uno stimolo elettrico esogeno, quindi prodotto dall'esterno, in sostituzione di quello endogeno, generato dal SNC. È necessario comprendere come sia possibile utilizzare degli stimoli elettrici indotti per far contrarre la muscolatura striata e di come sia possibile sfruttare le potenzialità in ambito sportivo e terapeutico.

Tessuti sensibili a stimoli elettrici indotti

Analizzando la via fisiologica della trasmissione degli impulsi motori del SNC, che li genera, fino alla muscolatura, che li trasforma in movimento, il linguaggio utilizzato per comunicare è comune, ed è formato da impulsi elettrici. Tanto il tessuto nervoso quanto quello muscolare, quindi, sono in grado di reagire a stimoli di natura elettrica. In linea teorica dovrebbe essere possibile far contrarre la muscolatura striata utilizzando impulsi elettrici indotti, sia attivandola direttamente, quindi eccitando le fibre muscolari, sia per via indiretta sfruttando l'attivazione delle fibre nervose deputate al trasporto dell'informazione ai muscoli. Analizzando i potenziali tessuti bersaglio di stimoli elettrici indotti si può pensare di agire **in via diretta** sulle fibre muscolari, o **in via indiretta** se la stimolazione avviene a livello delle fibre nervose motorie e la contrazione viene innescata come conseguenza. Dal momento che uno stimolo identico non può agire su più tessuti diversi ottenendo lo stesso risultato, significa che fra lo stimolo elettrico indotto utilizzato per una stimolazione diretta e quello utilizzato per una stimolazione indiretta devono esserci delle differenze. Proprio queste differenze devono guidare la scelta verso un tipo di stimolazione ottimale per ottenere risultati eccitomotori. Ciò significa che sia il tessuto nervoso che quello muscolare "parlano la stessa lingua", ma per essere attivati devono ricevere informazioni diverse

Per poter stimolare elettricamente un distretto muscolare si deve in primo luogo "decidere" quale deve essere il tessuto

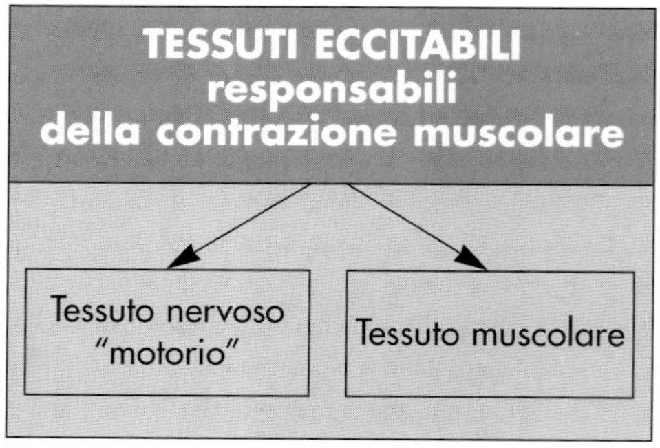

Figura 1: Tessuti eccitabili elettricamente

bersaglio dello stimolo indotto, per poi utilizzare un impulso adeguato a raggiungere l'obiettivo in maniera ottimale. In funzione della scelta del tessuto bersaglio devono necessariamente cambiare le caratteristiche elettriche dell'impulso da utilizzare; conseguentemente, l'azione degli impulsi avviene ad un livello differente pur ottenendo, in entrambi i casi, la contrazione della muscolatura striata.

Tessuto bersaglio	Tipo di azione	Risultato notabile
Fibre nervose motorie	Stimolazione indiretta	CONTRAZIONE MUSCOLARE
Fibre muscolari	Stimolazione diretta	

Figura 2: Tessuti eccitabili elettricamente

Stimolazione diretta a livello delle fibre muscolari

È conveniente considerare ed analizzare preventivamente la situazione più semplice, quella in cui l'azione dello stimolo elettrico avviene direttamente a livello delle fibre muscolari. Questo tipo di stimolazione sembra utilizzare la soluzione migliore dal momento che vi è un rapporto strettissimo fra il tessuto bersaglio degli impulsi e il tessuto muscolare stesso; inoltre risultano risolti i problemi anatomici legati all'applicazione dell'azione stimolante, infatti è sufficiente localizzare esattamente la zona, quindi il distretto muscolare in cui si vuole innescare una contrazione. In realtà, la soluzione che sembra scavalcare tutti i problemi non è esente da inconvenienti.

Le fibre muscolari, infatti, costituiscono l'elemento deputato a svolgere l'azione dinamica di un gesto, ma rappresentano soltanto l'ultimo elemento della "struttura ideomotoria" che inizia con la generazione dell'idea del movimento a livello del SNC, e solo in ultimo, termina con la contrazione muscolare vera e propria, e quindi con il movimento. L'intervento, con uno stimolo elettrico, a livello delle fibre muscolari consente che vengano totalmente bypassate tutte le strutture che permettono la comunicazione tra sistema nervoso centrale, periferico e muscolo. Innescare una contrazione muscolare agendo direttamente sulle fibre muscolari è tecnicamente possibile, con tutti i vantaggi di questo tipo di scelta, ma una stimolazione di questo genere risulta simile ad un allenamento svolto totalmente in "vitro", come se il muscolo che si desidera allenare venisse prelevato, completamente isolato dal suo contesto neuro-strutturale, e ne venissero incrementate le qualità meccaniche. In sostanza in questo modo si sfrutterebbe l'apparato locomotore ed il sistema neurovegetativo solo per garantire l'apporto nutritivo al muscolo durante la fase di stimolazione.

Soglia di stimolazione

Per approfondire la problematica relativa alla scelta dei tessuti che devono essere eccitati per indurre una contrazione a livello muscolare si devono considerare anche i parametri elettrici necessari a stimolare direttamente le fibre muscolari, ed in seguito confrontarli con quelli necessari ad eccitare le fibre nervose motorie.

Il potenziale di membrana delle fibre muscolari a riposo è pari a **- 90 mV**, mentre la soglia di eccitazione, è pari a **-55 mV**; questo significa che per innalzare il potenziale di membrana dalla condizione di riposo a quella di eccitazione sono necessari **35 mV**. Questa differenza di potenziale pari a **- 35 mV**, in primo luogo deve essere prodotta dall'elettrostimolatore, in seguito deve essere "trasportata" fino al punto in cui la corrente può entrare in contatto diretto con le fibre muscolari, quindi in profondità rispetto alla cute. Di tutti questi processi il più problematico è quello che comporta il "trasporto" dell'impulso di stimolazione all'interno dei tessuti fino a raggiungere le fibre muscolari, dal momento che la cute, ed i tessuti organici in generale, non conducono la corrente in maniera costante, ma la modificano al suo passaggio. Quindi per quanto sia possibile stimolare direttamente le fibre muscolari, è conveniente ricercare una possibile alternativa più "economica" a questa ipotesi.

Applicazione sulle fibre nervose motorie

Le fibre nervose motorie sono caratterizzate da un grande diametro, rispetto alle altre fibre nervose, e dalla copertura di una guaina mielinica che svolge una duplice funzione, da un lato permette una rapida trasmissione dei potenziali d'azione rendendo possibile una conduzione saltatoria, dall'altro isola la fibra nervosa dalle influenze esterne. La presenza della guaina mielinica impedisce che impulsi elettrici possano modificare i segnali che vengono trasmessi normalmente dalla fibra nervosa; di conseguenza anche gli stimoli indotti generati da un elettrostimolatore vengono "bloccati", o comunque ostacolati, dalla presenza di questa guaina isolante. Analizzando con attenzione l'anatomia del sistema nervoso periferico, però, si riesce ad individuare una possibile soluzione al problema dell'isolamento, infatti la guaina mielinica non protegge interamente la fibra nervosa , ma si interrompe prima di raggiungere il muscolo.

A breve distanza dalla giunzione neuromuscolare, cioè dal punto in cui la fibra nervosa si inserisce nel muscolo costituendo la placca motrice, la guaina mielinica si interrompe rendendo il tessuto nervoso "vulnerabile" ad eventuali influenze esterne. Approfittando di questa caratteristica si riesce, quindi, con semplicità a far giungere l'impulso prodotto dall'elettrostimolatore fino a livello del tessuto nervoso, eccitandolo. Le placche neuromuscolari, inoltre, si trovano nella zona superficiale del muscolo, quindi a breve distanza dalla cute; questo significa che non è necessario far giungere l'impulso elettrico molto a fondo, attraversando ampi strati di tessuto. Grazie a questa caratteristica si riescono a limitare gli effetti indesiderati legati al passaggio di grandi quantità di corrente attraverso i tessuti superficiali, in particolare si evitano fenomeni di polarizzazione localizzata.

Rilevamento delle placche neuromuscolari

Le placche neuromuscolari sono poste su tutta la superficie dei muscoli, anche se la loro concentrazione non è omogenea; malgrado questo problema non è comunque difficoltoso capire quale sia la zona muscolare in cui si può trovare la maggiore concentrazione di placche, e quindi dove applicare la stimolazione per ottimizzarne il rendimento. La zona in cui si può rilevare la massima concentrazione di placche neuromuscolari è quella del ventre muscolare, quindi l'area principale del muscolo, quella in cui il muscolo raggiunge la sua massima sezione.
Nel bicipite brachiale, ad esempio, risulta semplice la determinazione del ventre muscolare, mentre su muscoli complessi questa operazione può essere più complicata, anche se la procedura da seguire è analoga. Una volta determinato il ventre muscolare è logica conseguenza l'identificazione

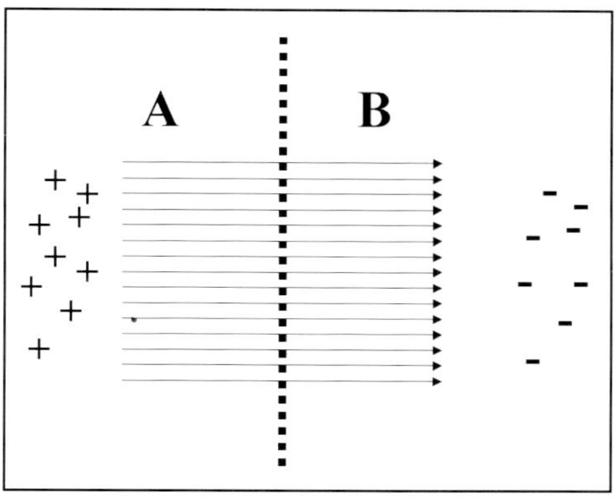

Figura 3: rilevamento della placca neuromuscolare del bicipite brachiale

della zona in cui la stimolazione deve svolgere il suo effetto per rendere ottimale il meccanismo di eccitazione.

Soglia di stimolazione

Anche analizzando la possibilità di stimolare le fibre nervose motorie per ottenere una contrazione muscolare per via indiretta, è necessario considerare quali parametri elettrici siano necessari e, conseguentemente, se anche da questo punto di vista risulti più "conveniente" ed efficace ricercare una contrazione muscolare per via diretta o indiretta. Le fibre nervose motorie a riposo sono caratterizzate da un potenziale di membrana pari a **-70 mV**, la soglia da raggiungere per ottenere una risposta eccitatoria è **-55 mV**. Confrontando i due valori di potenziale si può dedurre che per ottenere il risultato voluto, quindi l'eccitazione del tessuto nervoso, sia necessario apportare, con l'ausilio dell'elettrostimolatore, una quantità di corrente sufficiente ad elevare il potenziale di membrana di **15 mV**.

Similitudini tra la stimolazione neuromuscolare e la via fisiologica

La stimolazione portata a livello delle fibre nervose motorie permette di utilizzare una parte delle vie efferenti neuromotorie, quindi di utilizzare tutti i meccanismi di trasformazione degli impulsi nervosi in impulsi chimici, quindi quelli che giungono normalmente a livello delle fibre muscolari. In questo modo si riescono a far intervenire alcuni meccanismi di feedback e di controllo del sistema nervoso che permettono di migliorare l'interazione tra gli stimoli indotti e la contrazione meccanica muscolare.

La scelta migliore

Una volta analizzata la possibilità di stimolare elettricamente la muscolatura per via **diretta** o per via **indiretta** si deve decidere quale delle due possibilità sia la migliore e quindi quale si debba utilizzare nell'allenamento. Alla luce delle differenze riscontrate fra le due metodiche di stimolazione risulta certamente ottimale la stimolazione tramite l'eccitamento delle fibre nervose motorie e la conseguente attivazione delle fibre muscolari.

La convenienza di questa scelta è legata principalmente alla quantità di corrente necessaria a stimolare le fibre muscolari rispetto a quella, nettamente inferiore, che occorre per attivare le fibre nervose motorie.

Il fatto che per stimolare le fibre nervose motorie sia sufficiente elevare il potenziale di membrana di soli **15 mV** rispetto ai **35 mV** necessari per l'azione diretta sulle fibre muscolari comporta un notevole vantaggio, tale da rendere nettamente più conveniente la scelta dell'azione indiretta. La convenienza nell'utilizzare la so-

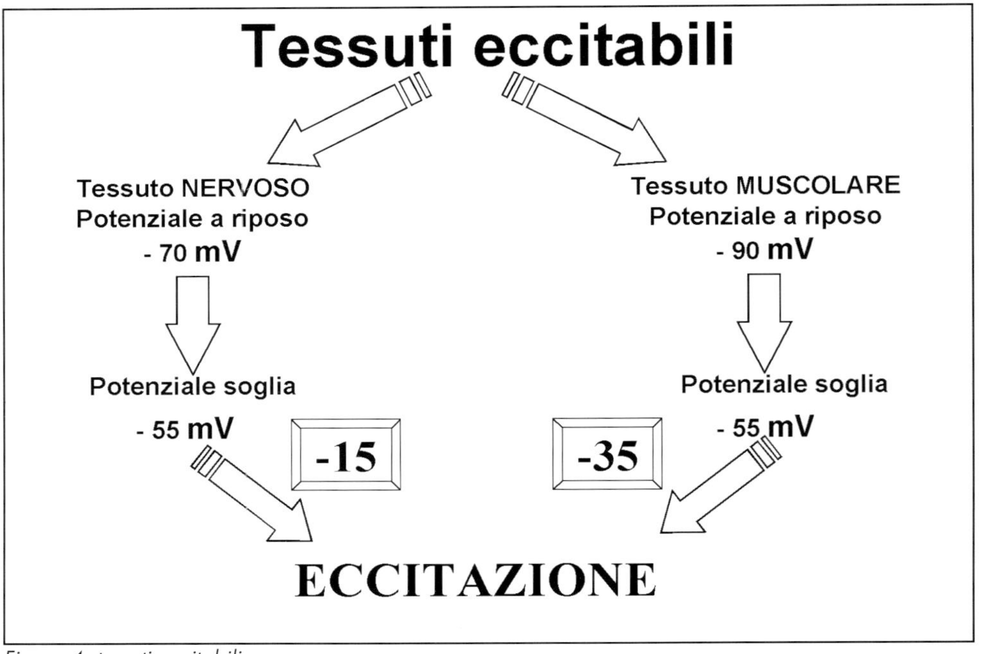

Figura 4: tessuti eccitabili

Tessuto da stimolare	Potenziale di membrana	Soglia di eccitazione	Gap da colmare
Fibre nervose motorie	-70 mV	-55 mV	-15 mV
Fibre muscolari	-90 mV		-35 mV

Figura 5: schema dei tessuti neuromuscolari eccitabili elettricamente

luzione in cui sia necessario un minore apporto di corrente a livello dei tessuti è legata alla difficoltà di trasmissione di uno stimolo elettrico a livello dei tessuti organici. La cute e gli strati sottocutanei, infatti, non sono in grado di comportarsi come un conduttore vero e proprio, ma tendono a reagire al passaggio della corrente modificando le loro caratteristiche di conduttività; questo meccanismo, inoltre, risulta tanto più accentuato quanto maggiore è la quantità di corrente che li attraversa.

All'atto pratico queste problematiche si trasformano in una scarsità di comfort ed in una minore efficacia della stimolazione; risulta dunque chiaro che quando è possibile, è sempre conveniente utilizzare una stimolazione **indiretta** anche se la via **diretta** esiste e, in alcune circostanze particolari, risulta l'unica percorribile.

Stimolatori in commercio

La maggior parte degli stimolatori in commercio, e la quasi totalità di quelli di libera vendita sono progettati e costruiti in modo da poter innescare una contrazione solo per via indiretta, quindi eccitando le fibre nervose motorie e, conseguentemente eccitare quelle muscolari.

Questa scelta è legata proprio alla necessità di sicurezza e di affidabilità delle apparecchiature di libera vendita. La stimolazione diretta della muscolatura, invece, necessita della presenza di un medico o di un fisioterapista dal momento che è considerata una pratica fisioterapica.

Questo tipo di legislazione rende più semplice la comprensione di come la stimolazione muscolare, utilizzando una metodica indiretta sia considerabile del tutto sicura ed esente da rischi legati all'utilizzo di apparecchiature elettromedicali.

Meccanica della contrazione muscolare indotta

Una volta chiarito quale sia il tessuto in cui si innesca il fenomeno eccitatorio per via indotta rimane da analizzare come questo meccanismo sia in grado di generare una contrazione muscolare analoga a quella fisiologica e quali siano i passaggi che legano l'impulso elettrico indotto e la contrazione muscolare.

Lo stimolo elettrico generato dallo stimolatore raggiunge il tessuto nervoso, deputato al trasporto delle informazioni motorie, a livello della placca neuromuscolare; in questa sede il tessuto nervoso reagisce allo stimolo modificando il suo potenziale di membrana elevandolo dal valore di **-70 mV**, a riposo, fino alla condizione di lavoro. Quando il potenziale di membrana raggiunge il livello di lavoro è in grado di propagare l'informazione di attivazione, lungo l'asse della fibra nervosa a cui appartiene analogamente a quanto verrebbe fatto se lo stimolo fosse di origine endogena. Questa informazione giunge fino al punto in cui il tessuto nervoso si inserisce su quello muscolare; in questa sede il tessuto nervoso interagisce direttamente con quello muscolare e le informazioni trasportate sotto forma di impulsi elettrici devono essere interpretate dal muscolo; per fare questo l'impulso elettrico, trasportato dal sistema nervoso, viene trasformato in impulso chimico, quindi in un linguaggio comprensibile dalla muscolatura. Questa trasformazione dell'impulso da elettrico a chimico avviene a livello della giunzione sinaptica, quindi in quella zona che, a livello microscopico mette in comunicazione il tessuto nervoso con quello muscolare fungendo da "interprete".

Quando l'impulso è arrivato a livello della muscolatura si ottiene la risposta voluta quindi la contrazione; quest'ultimo passaggio avviene in via del tutto automatica, infatti lo stimolo chimico ha proprio il compito di innescare i meccanismi automatici che regolano la contrazione muscolare. In sostanza, quindi, la stimolazione elettrica indotta è in grado di innescare una reazione a catena che tende a sostituirsi a quella, analoga, generata dal sistema nervoso centrale; come si può notare, questo tipo di stimolazione utilizza una parte di strutture nervose e meccaniche per fare da tramite fra lo stimolo elettrico indotto e la contrazione muscolare finale ricalcando, per molti aspetti, la normale via fisiologica alla base della contrazione muscolare.

Figura 6: meccanismo d'azione dello stimolo elettrico indotto

Sede	Azione
Placca neuromuscolare	Intervento dello stimolo elettrico indotto ed attivazione del tessuto nervoso
Giunzione sinaptica	Trasformazione del messaggio elettrico in stimolo chimico
Muscolo	Interpretazione dello stimolo chimico ed esecuzione meccanica della contrazione muscolare

stimolazione diretta delle fibre muscolari

Capitolo

8

Quando si stimola direttamente la muscolatura

La stimolazione diretta delle fibre muscolari è possibile, anche se per ottenerla sono necessari macchinari appositamente studiati e che siano in grado di fornire alle fibre muscolari una quantità di corrente sufficiente ad eccitare direttamente il tessuto muscolare.
In ambito sportivo e funzionale non si rende mai necessaria la stimolazione diretta delle fibre muscolari, in quanto è molto più confortevole ed efficace far contrarre la muscolatura per via indiretta, quindi innescando l'eccitazione indotta dalla corrente a livello del tessuto nervoso.
Tuttavia esistono delle situazioni in cui la stimolazione diretta delle fibre muscolari risulta conveniente o addirittura insostituibile.
Questo tipo di intervento ha scopi prettamente **terapeutici** o **estetici**, e viene utilizzato in casi di lesioni, parziali o totali, della via neuromotoria che normalmente trasporta al muscolo la capacità motoria.

Applicazioni con finalità terapeutica

In caso di lesioni totali o parziali sia del tessuto nervoso che afferisce alla muscolatura, sia nell'eventualità di una lesioni a livello della placca neuromuscolare o addirittura a livello centrale, si può tentare di intervenire dall'esterno con una contrazione muscolare per cercare di mantenere attivi i meccanismi di feedback propri sia del tessuto muscolare che di quello tendineo.
Inoltre, grazie ad una stimolazione proveniente dall'esterno, si può cercare di aiutare una potenziale "riparazione" del tessuto nervoso qualora questo non sia leso in maniera irrecuperabile.
In caso di **sofferenze nervose**, quindi nell'eventualità che la compromissione neuromotoria sia temporanea è di fondamentale importanza mantenere il tessuto muscolare in attività per limitare la tendenza dei tessuti a fibrotizzare; grazie a questo approccio il tessuto muscolare riesce a mantenere in massima parte la sua caratteristica contrattile favorendo il recupero meccanico in abbinamento al recupero neuromotorio.

Applicazioni con finalità estetica

La possibilità di sfruttare l'elettrostimolazione con finalità terapeutiche implica la conoscenza o la speranza che la patologia nervosa possa a qualche livello risolversi, ma non sempre ci si trova di fronte ad un quadro clinico risolvibile.
Qualora la trasmissione dell'impulso motorio sia definitivamente compromessa significa che non è più possibile trasmettere al muscolo alcun impulso.
La totale assenza di stimoli fisiologici ad un distretto muscolare, o soltanto ad una sua parte, comporta una drastica diminuzione del tono e del trofismo del muscolo patologico.
Proprio in questa situazione l'elettrostimolazione può parzialmente compensare l'assenza degli stimoli fisiologici per il mantenimento di un buon livello di

tono e di trofismo.
Questo genere di trattamento certamente non può dare nessun beneficio funzionale.
La possibilità di stimolare la muscolatura in via diretta è molto utile nei casi di patologie del sistema nervoso ed in tutti i casi in cui il controllo neuromotorio risulta compromesso.
Di notevole importanza sono gli studi intrapresi già nel 1960 da Liberson per l'utilizzo della stimolazione elettrica nei casi di patologie neuromotorie, ed in particolare nelle applicazioni funzionali, in cui veniva ricercata la possibile applicazione della corrente elettrica per permettere di restituire, almeno parzialmente, la capacità di movimento a persone colpite da paralisi.
Tutte le applicazioni della stimolazione diretta delle fibre muscolari, hanno funzionalità prettamente terapeutiche, che poco hanno a che fare con il fitness e con l'allenamento.
Infatti, come si è già visto, è molto diverso stimolare le fibre nervose motorie o le fibre muscolari; inoltre in funzione del tipo della lesione e della gravità della stessa è importante l'utilizzo di tipologie di onde differenti, infatti è diverso stimolare la muscolatura utilizzando dei programmi confezionati per muscoli completamente denervati, parzialmente denervati o soltanto con un'ipofunzionalità del sistema nervoso periferico.

le correnti

Capitolo

9

Correnti

Anche intuitivamente risulta semplice comprendere come, per contenere eventuali effetti indesiderati legati all'emissione di una corrente elettrica, sia sufficiente mantenerne i valori entro dei limiti tendenzialmente bassi; non troppo bassi, però, altrimenti non si ottengono gli effetti ricercati.
La fisiologia ci insegna, inoltre, che l'eccitazione di un tessuto è legata alla quantità di corrente trasmessa dal generatore nell'unità di tempo; inoltre, all'apertura ed alla chiusura del circuito questo fenomeno risulta enormemente favorito.
Ad ulteriore suffragio di quanto detto vi è la ben nota capacità dei tessuti organici di reagire ad uno stimolo e la loro tendenza a mantenere una condizione di quiete.
Per far sì che un tessuto venga eccitato dunque è necessario portarlo in condizioni di stabilità critiche avvicinandosi e superando il valore soglia del tessuto stesso, superato il quale il tessuto reagisce adeguatamente allo stimolo indotto. Tenendo conto della grande capacità di adattamento dei tessuti organici, questo superamento del fatidico livello di soglia deve avvenire in tempi brevi, tali da non permettere un continuo quanto progressivo innalzamento di tale **livello di soglia** proprio per effetto della capacità di adattamento agli stimoli che hanno i tessuti organici e che rende necessario un adeguato aumento dell'intensità dello stimolo per ottenere l'eccitazione voluta.

Dal momento che per indurre in un tessuto uno stimolo contrattile è necessario trasmettere lo stimolo dall'esterno, attraversando la pelle, è fondamentale utilizzare un tipo di onda che limiti l'eventuale insorgenza di effetti non voluti. Il possibile problema nel quale è facile incorrere è quello della polarizzazione, meccanismo per il quale si arrossa la pelle al di sotto degli elettrodi ma che se non fosse controllato potrebbe comportare vere e proprie ustioni chimiche.
Sia per tutto quanto detto fino ad ora, sia per alcune necessità tecniche e costruttive, gli elettrostimolatori portatili utilizzano onde **bifasiche rettangolari**, quindi compensate.
Senza entrare eccessivamente nel merito prettamente tecnico, questa scelta permette agli elettrostimolatori:

- Una limitazione dell'effetto polarizzante
- Una limitazione dell'adattamento delle fibre nervose motorie allo stimolo indotto
- Un buon livello di reclutamento delle fibre nervose motorie
- Il mantenimento dei parametri elettrici a livelli bassi

Meccanismo di eccitazione ed impulsi necessari

Per far passare un tessuto dalla fase di riposo a quella di eccitazione, per mezzo di uno stimolo elettrico indotto, sono necessarie alcune condizioni fondamentali:

- La **quantità di corrente** introdotta a livello dei tessuti da stimolare deve essere sufficiente per il tessuto "bersaglio"

- La **durata dello stimolo** indotto deve essere adeguata al distretto corporeo che si vuole stimolare.

Analizzando queste richieste minime, come già aveva fatto Weiss, si deduce che il fattore determinante nell'eccitazione di un tessuto è il rapporto tra la durata e l'intensità dello stimolo e non solo il valore di picco dell'intensità. (Fig. 1)

Il rapporto fra intensità e durata dello stimolo non è costante per tutti i gruppi muscolari, ma varia in funzione dei distretti corporei in cui i muscoli si trovano.

Cronassia e reobase

La relazione che lega l'intensità di uno stimolo (I) alla sua durata (t) non è lineare ed è stata ben codificata da Lapique, che ne ha rappresentato graficamente l'andamento. Dalla figura 2, che rappresenta il rapporto fra intensità e durata di uno stimolo elettrico indotto necessario ad eccitare un tessuto bersaglio, si può notare come all'aumentare della durata di uno stimolo corrisponda una minore intensità

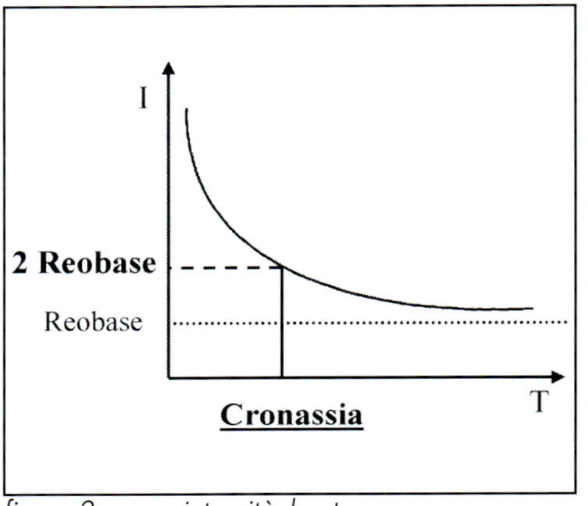

figura 2: curva intensità-durata

dello stimolo stesso, pur raggiungendo la soglia di eccitazione del tessuto. Analogamente, tanto minore risulta la durata dello stimolo tanto maggiore deve essere la sua intensità per poter raggiungere la curva della soglia di eccitazione.

Per confezionare uno stimolo elettrico indotto, qualitativamente valido, non è possibile scegliere a caso un valore di intensità o di durata e derivarne l'altro.

I tessuti organici, per effetto di un meccanismo di protezione noto come accomodamento, tendono ad assuefarsi ad uno

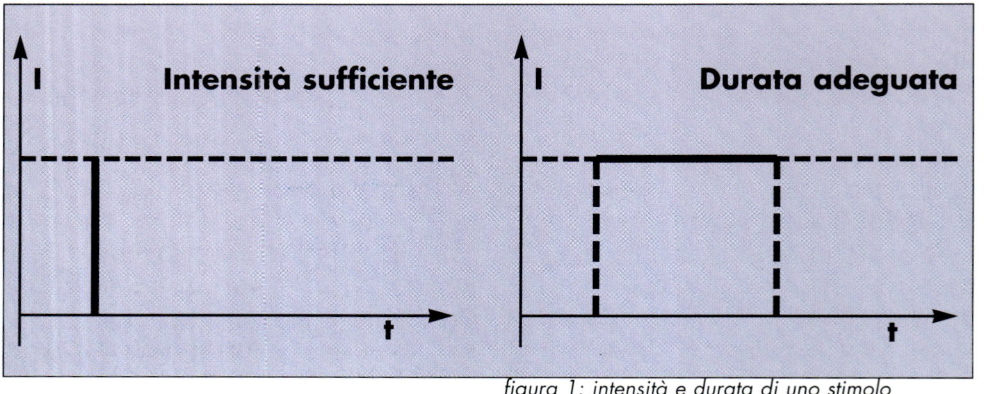

figura 1: intensità e durata di uno stimolo

stimolo ripetuto e conseguentemente elevano il valore della propria soglia di eccitazione. Per ovviare a questo "inconveniente", tipico dei tessuti organici, si deve confezionare uno stimolo che risulti valido indipendentemente dall'eventuale accomodamento dei tessuti stimolati. Questa soluzione è stata trovata da Lapique che ha definito due parametri, **reobase** e **cronassia**, per definire dei punti di riferimento ed analizzare gli effetti degli stimoli sulla soglia di eccitazione dei tessuti.

La reobase rappresenta quel valore di intensità minima in grado di portare ad eccitazione il tessuto bersaglio, indipendentemente dalla durata dello stimolo stesso.

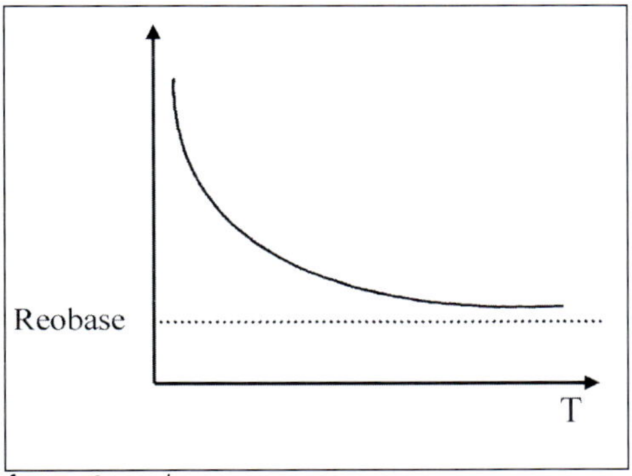

figura 3: reobase

La cronassia rappresenta la durata che deve avere uno stimolo, con intensità doppia della reobase, per portare ad eccitazione il tessuto bersaglio.

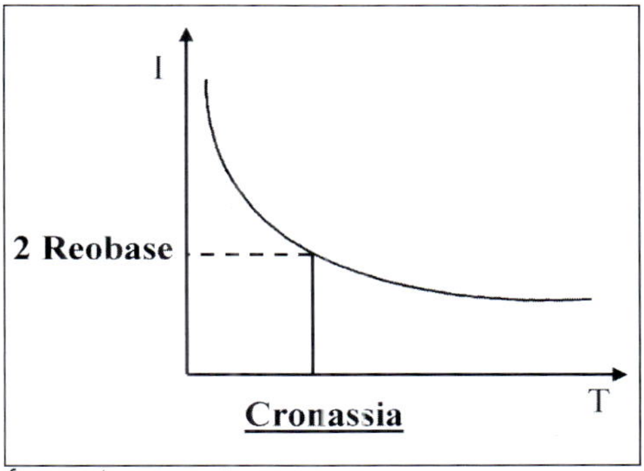

figura 4: cronassia

Una volta che si conosce la cronassia necessaria per stimolare i muscoli di un distretto corporeo, si è in grado di eccitare i tessuti senza il rischio di incorrere nel fenomeno dell'accomodamento che comporterebbe un annullamento del fenomeno eccitatorio indotto.
In questo modo, quindi, stimolando un distretto corporeo con i giusti parametri elettrici si evitano anche eventuali fastidi cutanei o muscolari legati ad un'eccessiva durata dei singoli impulsi (cronassia).

REOBASE	È un'intensità di corrente	Si misura in milliampere	Valore minimo per eccitare un tessuto
CRONASSIA	È un valore di tempo	Si misura in microsecondi	Tempo necessario a stimolare un tessuto usando un'intensità doppia della reobase

Cronassia nei vari distretti corporei

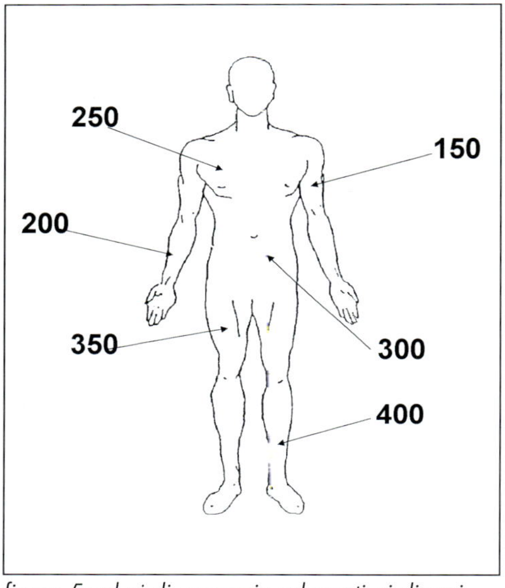

figura 5:valori di cronassia adeguati ai diversi distretti corporei

La cronassia rappresenta un elemento fondamentale nella determinazione della specificità dei programmi di stimolazione. Il valore della cronassia, quindi la durata che ciascun impulso di stimolazione deve avere, varia in funzione della zona in cui la stimolazione viene effettuata. A grandi linee si possono rilevare 6 differenti zone per stimolare le quali è necessario utilizzare valori dicronassi a differenti.

Distretto corporeo	Cronassia (microsecondi)
Gamba	400m sec
Coscia	350m sec
Tronco inferiore	300m sec
Tronco superiore	250m sec
Braccio	150m sec
Avambraccio	200m sec

Caratteristiche delle onde utilizzate dagli elettrostimolatori

Una volta che si è presa confidenza con i parametri degli impulsi elettrici, necessari alla stimolazione, si devono considerare le modalità necessarie al trasporto di tali informazioni fino ai tessuti bersaglio, quindi quali tipi di onde conviene utilizzare per questa veicolazione.

I moderni apparecchi per elettrostimolazione eccitomotoria utilizzano **un'onda bifasica rettangolare**, al fine di ottimizzare la resa della stimolazione, favorendo il meccanismo eccitatorio, pur mantenendo un buon livello di comfort durante la seduta di allenamento.

Onda bifasica

La corrente elettrica può essere definita come un flusso ordinato di cariche elettriche; significa che possiede una potenzialità elettromotrice, quindi è in grado di trasportare durante il suo passaggio degli ioni sensibili alla sua azione.

Questi elementi sono delle molecole cariche elettricamente, sia positivamente che negativamente, definite rispettivamente **ioni positivi e ioni negativi**.

Per causare questo spostamento è

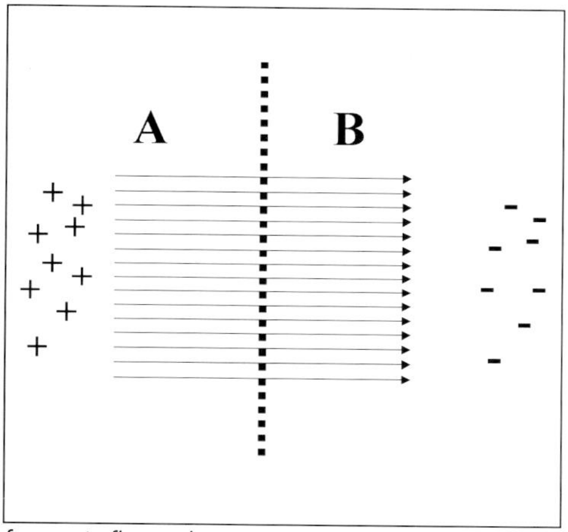

figura 6: flusso di ioni

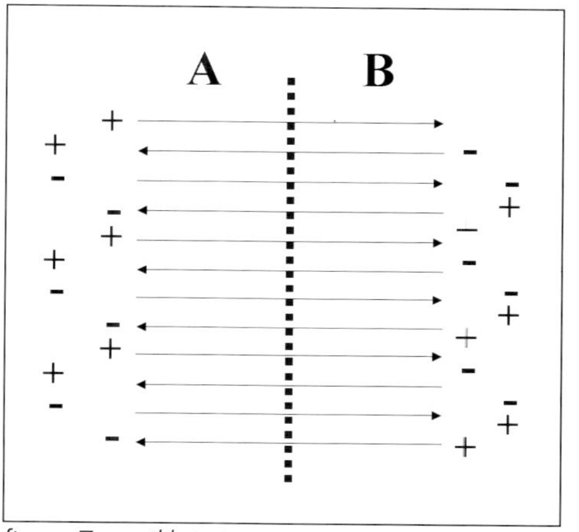

figura 7: equilibrio ionico

però necessario che la corrente elettrica attraversi il tessuto per un tempo prolungato e sempre nello stesso senso.

In queste condizioni, come rappresentato in figura 6, si ottiene uno spostamento degli ioni positivi da A verso B e di quelli negativi da B verso A, creandone quindi un accumulo.

Se il passaggio di corrente non è continuo il meccanismo di migrazione degli ioni si interrompe e il tessuto tende a ripristinare la sua condizione di equilibrio, ritornando ad una situazione analoga a quella precedente al passaggio della corrente.

Il fenomeno di **riequilibrio ionico** può essere agevolato sfruttando proprio le qualità elettromotrici della corrente stessa, invertendone ciclicamente il verso; questo è possibile semplicemente invertendo la polarità all'origine del circuito.

Questo concetto sta alla base dell'utilizzo di una corrente alternata per la stimolazione elettrica eccitomotoria.

La corrente alternata, infatti, inverte la polarità all'emissione di ogni singolo impulso; questa scelta non influisce minimamente sulla resa della stimolazione a livello tessutale dal momento che la cosa importante è che a livello del tessuto bersaglio specifico giunga l'impulso adeguatamente confezionato per farlo passare dalla condizione di riposo a quella di attivazione.

Rappresentando graficamente una corrente alternata si può osservare, trami-

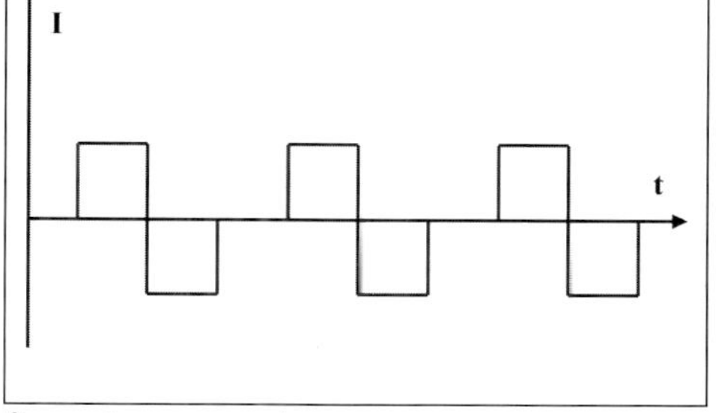

figura 8: corrente alternata

te la sua analisi all'oscilloscopio, un andamento analogo a quello rappresentato in figura 8.
Utilizzando questo tipo di corrente si riesce a trasmettere molto bene il potenziale eccitatorio al tessuto bersaglio, limitando al massimo i possibili problemi legati alla migrazione ionica.

La forma dell'onda

I tessuti organici tendono a mantenere sempre la propria condizione di equilibrio e, per mantenerla, tendono a difendersi da stimoli ripetuti modificando la propria soglia di eccitazione; per ovviare a questo inconveniente si deve utilizzare sempre una cronassia adeguata al distretto muscolare che si vuole stimolare.
La scelta di una cronassia adeguata non è comunque sufficiente ad evitare totalmente l'accomodazione, infatti i tessuti riescono a difendersi meglio se lo stimolo si avvicina progressivamente al valore di soglia, mentre risulta molto più difficile per i tessuti "difendersi" se lo stimolo giunge molto rapidamente.
Uno stimolo che riesce a raggiungere i tessuti rapidamente risulta molto più efficace di uno che impiega un tempo più lungo; inoltre, tanto più è rapido lo stimolo tanto maggiore risulta il comfort della stimolazione.
La soluzione a tutti questi problemi è dunque l'utilizzo di un impulso che stimoli in tempi rapidi i tessuti e che abbia una cronassia adeguata al distretto muscolare che si vuole stimolare; in questo modo i tessuti non hanno il tempo di elevare il livello di soglia istantaneamente e si limita anche il fenomeno dell'accomodamento a lungo termine.
Il tipo di onda che risponde meglio a queste necessità è quella rettangolare.

fibre muscolari e frequenze di stimolazione

Capitolo

10

Fibre e frequenze di stimolazione

Fibre muscolari e loro classificazione

Analizzando in sezione la struttura di un muscolo si nota come questo sia formato da una serie di unità di piccole dimensioni, le fibre muscolari.
Tutte le fibre partecipano alla contrazione muscolare, accorciandosi, ma non tutte hanno le stesse caratteristiche meccaniche, istologiche e metaboliche. Dagli studi fisiologici si può riscontrare come tali fibre possano essere classificate in due grandi gruppi:

- **Slow twitch** o fibre lente di tipo "I"
- **Fast twitch** o fibre veloci di tipo "II"

È possibile "catalogare" le fibre muscolari utilizzando una classificazione più precisa, suddividendole in tre distinte categorie; in questo modo le fibre veloci vengono suddivise in due ulteriori gruppi:

- **Fast twitch** o fibre intermedie di tipo "IIa"
- **Fast twitch** o fibre veloci di tipo "IIb"

Questo tipo di classificazione, ordinata su basi fisiologiche raggruppa quindi le fibre muscolari in tre categorie in funzione delle caratteristiche istologiche, nervose, enzimatiche, strutturali, funzionali e meccaniche peculiari di ogni tipo di fibra. La figura 2 riporta alcuni dei principali aspetti funzionali, enzimatici e strutturali che caratterizzano le fibre muscolari di tipo "I", di tipo "IIa" e di tipo "IIb".

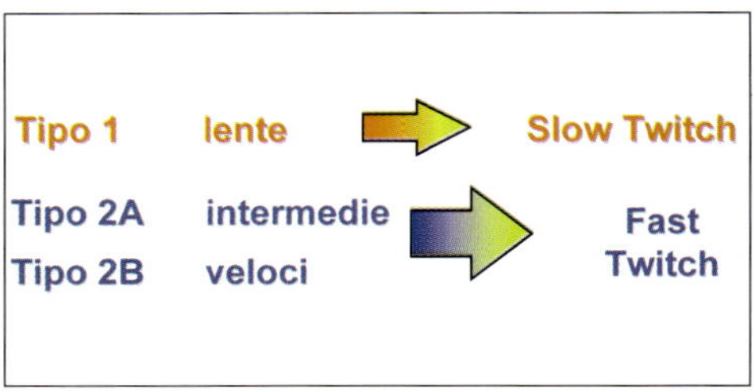

Fig. 1 Classificazione delle fibre muscolari

Con l'ausilio di una tabella come quella riportata, si può comprendere facilmente come, nell'ambito dell'allenamento, sia utile scegliere il tipo di fibra muscolare da allenare al fine di ottenere dei validi miglioramenti di specifiche caratteristiche muscolari. Se si vuole allenare la **forza massima** è inutile cercare di incrementare le qualità e l'efficienza delle fibre di tipo "I", che sono caratterizzate da una bassa capacità di forza; è invece estremamente conveniente concentrare l'allenamento sulle fibre veloci di tipo "IIb", che sono in grado di esprimere un'elevata capacità di forza.
Una precisa conoscenza delle qualità specifiche di tutte le categorie delle fibre muscolari, quindi, consente di migliorare il rendimento degli allenamenti; le informazioni riportate in tabella possono quindi fungere da traccia per la pianificazione delle sedute di allenamento e per la programmazione dei protocolli di stimolazione, ottimizzandone l'efficacia. Per l'organizzazione delle sedute di elettrostimolazione e per effettuare una corretta scelta dei programmi da utilizzare è utile conoscere precisamente l'obiettivo che si vuole

raggiungere, comprendere le qualità muscolari che si vogliono migliorare con l'allenamento, scegliere il tipo di fibre da allenare e quindi utilizzare i programmi di stimolazione più adatti a raggiungere tale scopo. Si può partire dalla ricerca dell'obiettivo per allenare quel tipo di fibra che possiede caratteristiche vicine all'obiettivo che si vuole raggiungere.

Frequenze di stimolazione

All'interno di un singolo muscolo si possono ritrovare fibre muscolari di tipo "I", di tipo "IIa" e di tipo "IIb", caratterizzate da peculiarità differenti, in grado di rispondere a stimoli nervosi diversi per poter reagire al meglio a tutte le situazioni in cui il muscolo stesso debba intervenire. Questa differenziazione delle fibre consente ai muscoli di rispondere con la massima efficienza a tutte le necessità motorie, sia nella normale vita di relazione che in ambito sportivo; è necessario comprendere se con l'elettrostimolazione si può riuscire a reclutare selettivamente un tipo di fibra muscolare. Se si riuscisse ad ottenere questo obiettivo si sarebbe in grado di migliorare selettivamente solo le caratteristiche muscolari che interessano, senza allenarne altre che potrebbero ri-

Caratteristiche funzionali	**Tipo di fibra**		
	ST (Fibre tipo I)	**FTA (Fibre tipo IIA)**	**FTB (Fibre tipo IIB)**
Capacità di forza	Bassa	Alta	Alta
Resistenza alla fatica	Alta	Bassa	Bassa
Elasticità	Bassa	Alta	Alta
Tempo di contrazione	Lungo	Breve	Breve
Tempo di rilasciamento	Lungo	Breve	Breve
Caratteristiche enzimatiche			
Attività ossidativa	Alta	Alta	Bassa
Attività glicolitica	Bassa	Alta	Alta
Aspetti strutturali			
Diametro della fibra muscolare	Piccolo	Grande	Grande
Densità capillare	Alta	Media	Bassa

Fig.2 Classificazione delle fibre muscolari in funzioni delle principali caratteristiche funzionali, enzimatiche e strutturali da "Fox Bowers Foss"

sultare controproducenti agli effetti della performance sportiva. In effetti, con l'elettrostimolazione eccitomotoria si riesce a far contrarre in maniera predominante, quindi non del tutto selettiva, un tipo di fibre muscolari con particolari caratteristiche meccaniche e funzionali. Per ottenere questa selettività della stimolazione è necessario modulare lo stimolo elettrico indotto in funzione delle necessità di ciascun tipo di fibra, così da raggiungere in maniera ottimale la soglia di eccitazione della fibra nervosa che innerva proprio le fibre muscolari con le caratteristiche che si vogliono migliorare. Il parametro che consente di selezionare il tipo di fibra da reclutare è la frequenza degli stimoli, e viene misurata in Hertz "Hz". La frequenza rappresenta il numero di eventi che si ripetono in ogni secondo, quindi nel caso dell'elettrostimolazione rappresenta il numero di impulsi che vengono inviati alla fibra nervosa motoria in ogni secondo. Non è possibile definire in maniera precisa la frequenza di stimolazione ottimale per reclutare le diverse categorie di fibre, dal momento che possono intervenire fattori individuali ad alterare, anche se in termini minimi, i valori da utilizzare. Inoltre, come si è visto, tutte le fibre muscolari vengono raccolte in tre sole categorie e risulterebbe oltremodo limitante considerare solo tre frequenze di stimolazione adatte rispettivamente a reclutare le fibre lente di tipo "I", quelle intermedie di tipo "IIa" e quelle veloci di tipo "IIb". Per risolvere questo problema e non crearne altri è conveniente prendere in considerazione tre gruppi di frequenze che meglio si adattano alle necessità di stimolazione di ampi gruppi di fibre, con caratteristiche analoghe ma non del tutto omogenee all'interno di ogni gruppo.

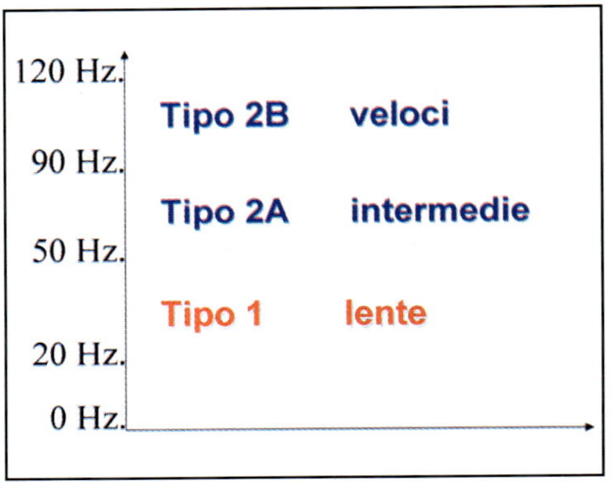

Fig.3 Schematizzazione delle frequenze di stimolazione adatte a reclutare i diversi tipi di fibre muscolari

Per chiarire l'utilizzo delle frequenze di stimolazione durante la pianificazione delle sedute di allenamento si prendono in considerazione dei gruppi di frequenze:

- **1 Hz. 15 Hz.**
- **15 Hz. 20 Hz.**
- **20 Hz. 50 Hz.**
- **50 Hz. 90 Hz.**
- **90 Hz. 120 Hz.**

Stimolazione tra 1Hz. e 15 Hz.

Stimolando il muscolo con queste frequenze la muscolatura non si contrae in maniera costante ma tende a contrarsi e rilasciarsi in funzione della frequenza utilizzata. Mano a mano che la frequenza aumenta cresce anche il ritmo della pulsazione del muscolo, fino ad un momento in cui non si avverte più tale ritmicità, ma il muscolo rimane in contrazione; questa situazione si presenta fra 15 Hz. e 20 Hz.

Stimolazione tra 15 Hz. e 20 Hz.

Quando si stimola con frequenze comprese fra i 15 Hz. ed i 20 Hz. ci si trova in una situazione ibrida, infatti nella maggioranza dei casi a queste frequenze il muscolo tende a contrarsi e mantenersi in contrazione ma se si stimolano atleti di alto livello con qualità muscolari particolari si può notare che il muscolo tende a pulsare come avviene a frequenze più basse, anche se con un ritmo maggiore. Conseguentemente questo intervallo di frequenze deve essere considerato sempre in funzione della persona che si deve stimolare.

Stimolazione tra 20Hz. e 50 Hz.

Utilizzando una frequenza di stimolazione compresa fra i 20Hz. ed i 50 Hz. si portano in contrazione prevalentemente le fibre lente, di tipo "I", che quindi vengono allenate. Con questa scelta si riescono a migliorare le qualità di resistenza alla fatica, di vascolarizzazione di questo tipo di fibre.

Stimolazione tra 50Hz. e 90 Hz.

Se si stimola un distretto muscolare con una frequenza superiore a 50 Hz. ed inferiore ai 90 Hz. si interviene prevalentemente sulle fibre intermedie di tipo "IIa" che sono caratterizzate da qualità ibride fra le fibre lente di tipo "I" e quelle veloci di tipo "IIb". In questo modo si stimolano fibre caratterizzate da buone doti di forza, limitata resistenza alla fatica, e da un metabolismo parzialmente aerobico e parzialmente anaerobico.

Stimolazione tra 90Hz. e 120 Hz.

Quando si decide di utilizzare frequenze superiori ai 90 Hz si opera una scelta ben precisa, infatti si stimolano le fibre muscolari veloci di tipo "IIb" caratterizzate da un metabolismo prevalentemente anaerobico, da elevate doti di forza e di rapidità, ma da una scarsa resistenza alla fatica.

Allenando le fibre lente di tipo "I", non viene incrementata in maniera importante la forza muscolare (1) ma cresce la resistenza alla fatica del muscolo stesso (2) migliorandone le funzioni metaboliche di tipo ossidativo(3); il muscolo allenato non incrementa in maniera importante il suo volume (4) ma migliora la vascolarizzazione periferica (5).

	Caratteristiche funzionali	ST (Fibre tipo I)
1	Capacità di forza	Bassa
2	Resistenza alla fatica	Alta
	Caratteristiche enzimatiche	
3	Attività ossidativa	Alta
	Aspetti strutturali	
4	Diametro della fibra muscolare	Piccolo
5	Densità capillare	Alta

Stimolazione delle fibre lente, quindi delle slow twitch di tipo "I"

Per allenare le fibre lente di tipo "I" si devono utilizzare frequenze comprese fra 20 Hz. e 50 Hz.

Stimolazione delle fibre veloci, quindi delle fast twitch di tipo "IIb"

Per allenare le fibre veloci di tipo "IIb" si devono utilizzare frequenze comprese fra 90 Hz. e 120 Hz.

Allenando le fibre veloci di tipc "IIb" si aumentano notevolmente le doti di forza (1) ma rimane bassa la resistenza alla fatica del muscolo stimolato, che deve essere allenata con metodiche tradizicnali(2) si esaltano le funzioni metaboliche glicolitiche delle fibre veloci , a scapito di quelle ossidative (3), il muscolo allenato cresce di volume, aumentando il trofismo di fibre di grandi dimensioni (4), e non migliora la vascolarizzazione periferica (5).

	Caratteristiche funzionali	**FT_B (Fibre tipo II B)**
1 2	Capacità di forza Resistenza alla fatica	Alta Bassa
	Caratteristiche enzimatiche	
3	Attività ossidativa Attività glicolitica	Bassa Alta
	Aspetti strutturali	
4 5	Diametro della fibra muscolare Densità capillare	Grande Bassa

posizionamento degli elettrodi

Capitolo

11

libreria dello sport

Posizione degli elettrodi

Per sfruttare adeguatamente le potenzialità della stimolazione elettrica è fondamentale posizionare correttamente gli elettrodi. Gli elettrodi, infatti, consentono all'impulso elettrico di giungere a livello delle placche neuromuscolari trasportando l'informazione motoria, generando la contrazione muscolare nel distretto voluto. In prima analisi si considerino quali siano i principi fondamentali da tenere presenti per un corretto posizionamento degli elettrodi su un distretto muscolare da allenare.

Gli elettrodi devono :

- essere posizionati interamente sul muscolo
- essere disposti longitudinalmente rispetto alle fibre del muscolo da stimolare.
- L'elettrodo negativo va posto vicino all'origine del muscolo pur restando sulla struttura del muscolo stesso.
- L'elettrodo positivo definito come "elet-

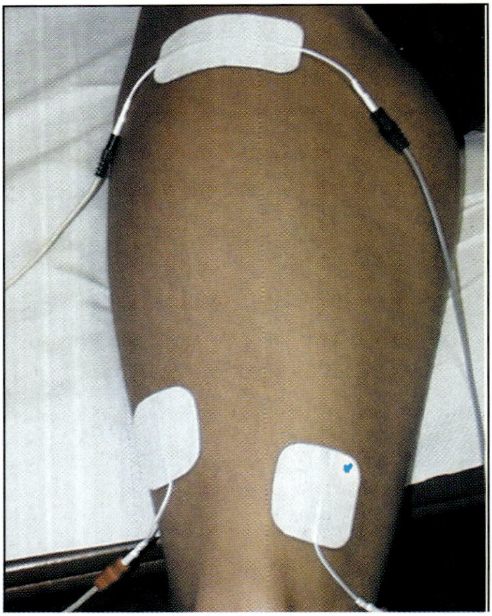

Fig.1 Posizione degli elettrodi su un quadricipite femorale

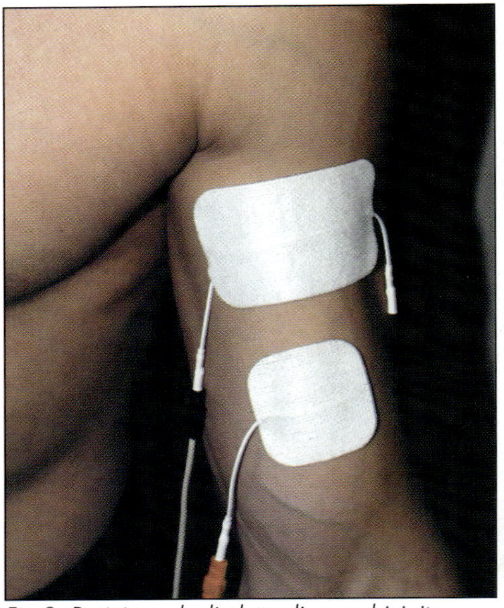

Fig.2 Posizione degli elettrodi su un bicipite brachiale

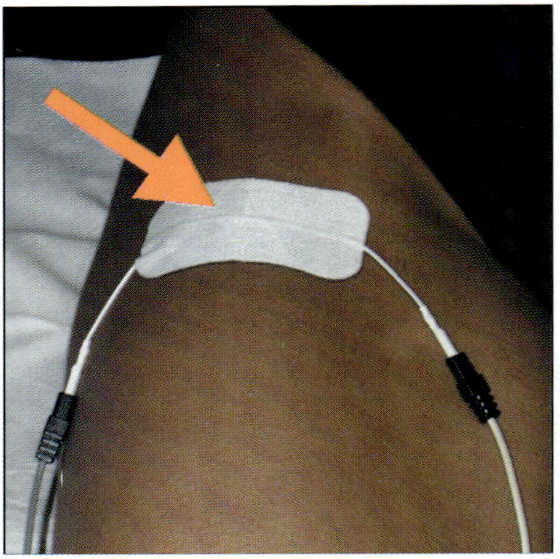

Fig.3 Posizione dell' elettrodo negativo su un quadricipite femorale

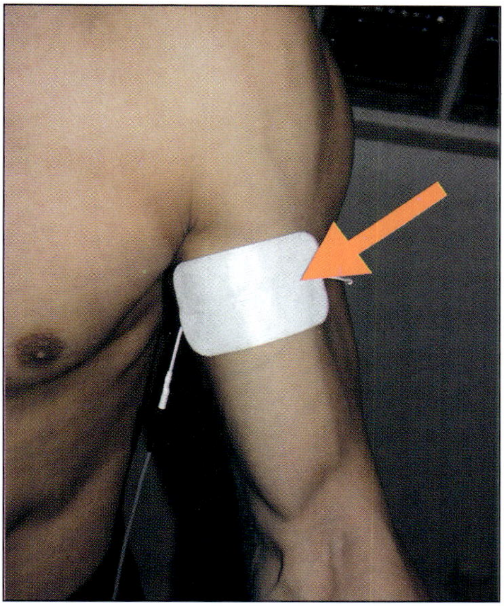

Fig.4 Posizione dell'elettrodo negativo su un bicipite brachiale

trodo attivo" va posto al centro della massa muscolare che si vuole stimolare.

- L'elettrodo negativo deve essere circa di dimensioni doppie rispetto al positivo.

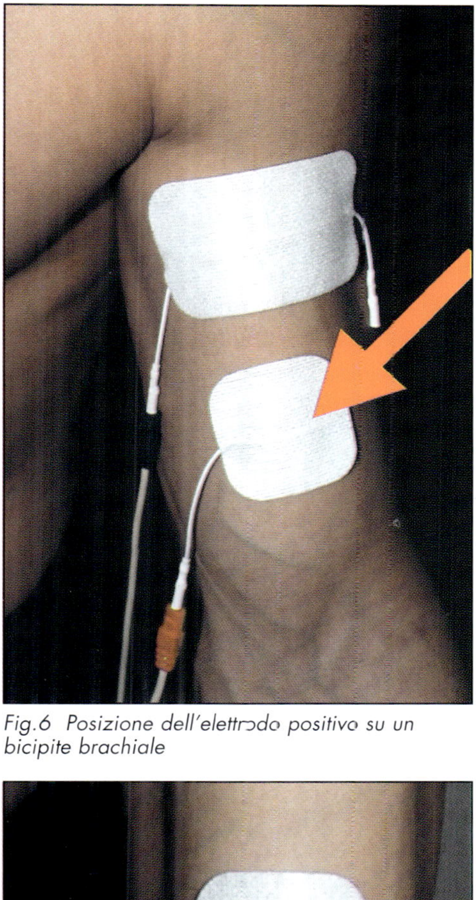

Fig.6 Posizione dell'elettrodo positivo su un bicipite brachiale

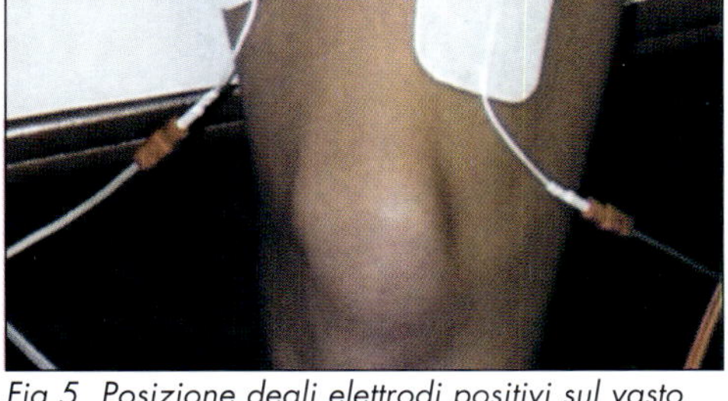

Fig.5 Posizione degli elettrodi positivi sul vasto mediale e sul vasto laterale

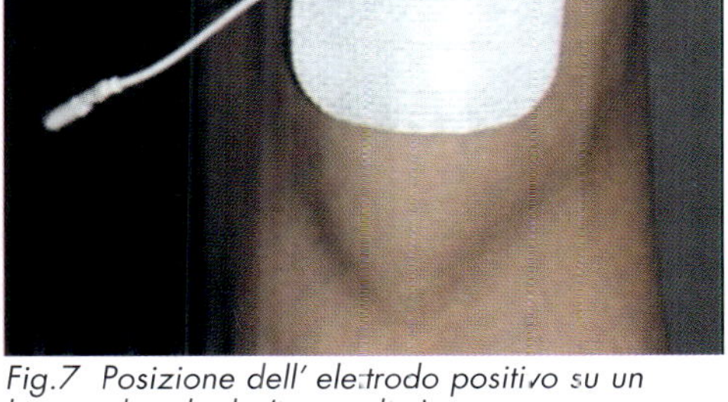

Fig.7 Posizione dell' elettrodo positivo su un bicipite brachiale (ingrandito)

Dal momento che si stà parlando solo ed esclusivamente di apparecchiature che utilizzano un'onda rettangolare compensata, non sembra avere molto senso parlare di un elettrodo positivo e di uno negativo essendo entrambi sia **positivi** che **negativi** in funzione della direzione della corrente in ogni istante; in effetti la vera differenza che esiste tra i due elettrodi è legata alla dimensione reciproca dell'uno rispetto all'altro. L'elettrodo positivo infatti risulta circa la metà rispetto al negativo, in questo modo a livello dell'elettrodo positivo si crea una maggiore concentrazione di cariche. Proprio per questo motivo l'elettrodo positivo è definito "attivo" e viene posizionato in una zona prossima alla placca neuromuscolare che deve essere stimolata, quindi sul ventre del muscolo stesso. Inoltre un corretto posizionamento degli elettrodi, positivi e negativi, deve essere tenuto sempre presente in quanto tra i due elettrodi non vi è una sostanziale differenza applicativa solo se la corrente utilizzata è compensata; dal momento che se fosse presente un effetto anche minimamente polarizzante, diventerebbe assolutamente fondamentale il segno dell'elettrodo in funzione del suo posizionamento, come avviene, ad esempio, nell'utilizzo di alcune correnti antalgiche.

Quando utilizzare due elettrodi delle stesse dimensioni

Alcuni gruppi muscolari, per comodità, possono essere stimolati utilizzando due elettrodi delle stesse dimensioni; in queste circostanze non vi è più la presenza di un elettrodo attivo che abbia una maggiore concentrazione di cariche rispetto all'elettrodo negativo.

Malgrado questo, però, la contrazione risulta sempre molto efficace perché l'elettrodo positivo, anche se di dimensioni identiche rispetto al negativo, è posizionato in prossimità della placca motrice del muscolo che si vuole stimolare.

In questa zona, quindi, gli impulsi riescono ad ottenere il massimo risultato rendendo efficace e preciso il reclutamento neuromuscolare. Questo tipo di posizionamento viene utilizzato, in alternativa a quello analizzato in precedenza, per stimolare gruppi muscolari di piccole dimensioni, o molto ben delimitati, come nel caso del bicipite brachiale.

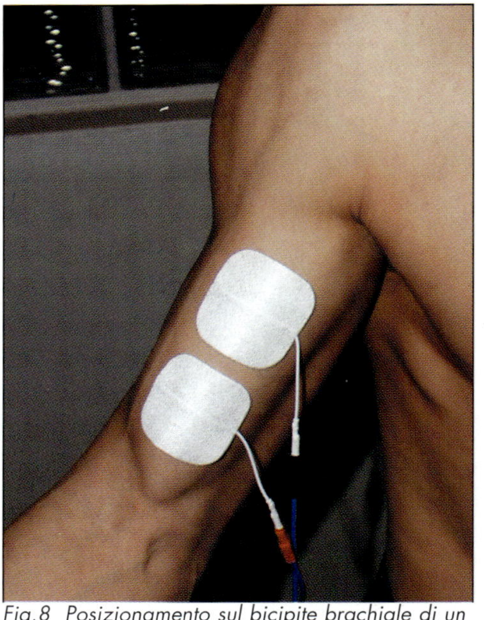

Fig.8 Posizionamento sul bicipite brachiale di un elettrodo positivo e di uno negativo di pari dimensioni

Come posizionare gli elettrodi su un distretto muscolare

Per posizionare correttamente gli elettrodi su un distretto muscolare si deve inizialmente posizionare l'elettrodo negativo sulla parte prossimale del muscolo da stimolare, successivamente si deve posizionare un elettrodo positivo al centro di ogni ventre muscolare che si vuole reclutare per mezzo dell'elettrostimolatore.

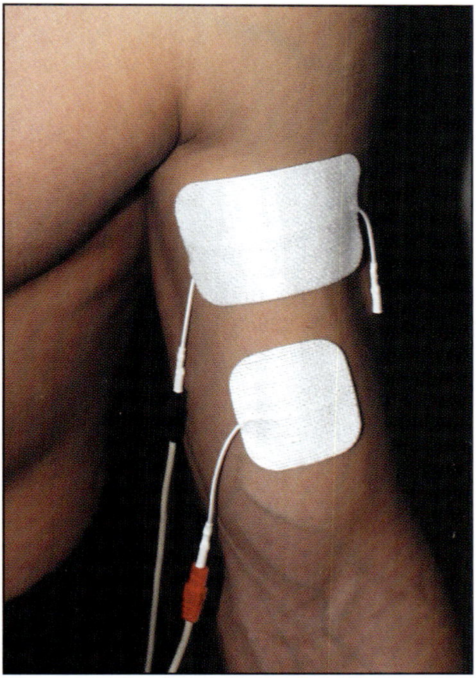

Fig.9 Posizione degli elettrodi su un bicipite brachiale

- Elettrodo negativo posizionato prossimalmente
- Elettrodo positivo posto sul ventre muscolare del bicipite brachiale

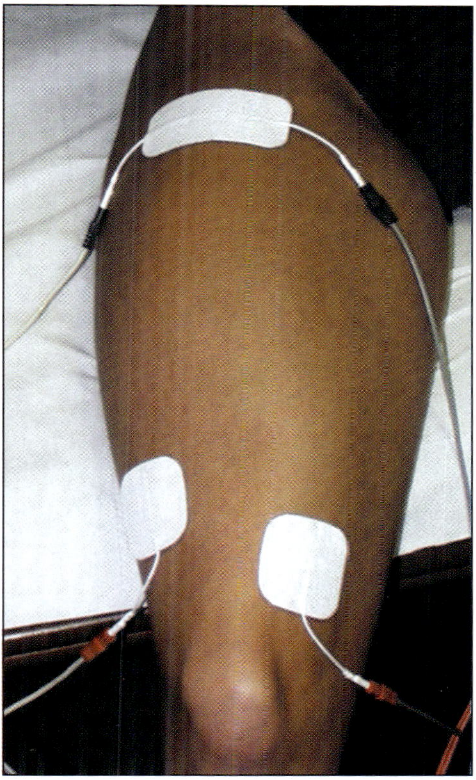

Fig.10 Posizione degli elettrodi su un quadricipite femorale

- Elettrodo negativo posizionato prossimalmente
- Elettrodo positivo posto sul ventre muscolare del vasto mediale
- Elettrodo positivo posto sul ventre muscolare del vasto laterale

Verificare il corretto posizionamento prima di iniziare la stimolazione

Prima di iniziare la stimolazione vera e propria è consigliabile verificare il corretto posizionamento degli elettrodi stimolando il muscolo con un programma di "riscaldamento", quindi con parametri elettrici ridotti, ed a bassa intensità. Alla luce di quanto appena detto dovrebbe essere abbastanza semplice riuscire a posizionare correttamente gli elettrodi su un distretto muscolare benché una conoscenza, anche basilare dell'anatomia dell'apparato locomotore umano permetterebbe certamente una maggiore precisione e sicurezza esecutiva. Per poter aiutare tutti coloro i quali utilizzano l'elettrostimolazione eccitomotoria e non dispongano di un notevole bagaglio conoscitivo dell'anatomia, è stata inserita una serie di tavole dove è possibile trovare i punti in cui applicare gli elettrodi per allenare i distretti muscolari di maggiore interesse.

Gli elettrodi in commercio

Sul mercato si possono trovare elettrodi costituiti da materiali diversi, e conseguentemente con caratteristiche differenti; principalmente, per la stimolazione eccitomotoria e per le applicazioni di correnti antalgiche si possono trovare elettrodi in fibra, costituiti da materiale plastico conduttivo ed elettrodi autoadesivi. Questi due tipi di elettrodi, sono consigliati per applicazioni differenti, ed in particolare per condizioni di utilizzo diverse.

Elettrodi in fibra

Gli elettrodi in plastica conduttiva, o comunemente definiti "a gel" sono costituiti da una base di sostanza plastica in grado di trasmettere gli impulsi elettrici.

Questi elettrodi sono sottili e flessibili per poter aderire al meglio alla pelle al fine di ottimizzare il contatto, quindi la stimolazione. Per utilizzare questo tipo di elettrodi si deve porre fra la pelle e l'elettrodo stesso un gel, del tutto simile a quello utilizzato per l'elettrocardiogramma.

Il gel svolge una duplice funzione, da un lato favorisce la conduzione della corrente elettrica fino alla pelle e quindi all'interno dei tessuti, dall'altro ottimizza il rapporto fra elettrodo e cute limitando l'insorgenza di fastidiosi accumuli di cariche elettriche solo nei punti in cui l'elettrodo è a contatto con la cute a causa della fisiologica irregolarità della pelle stessa.

Per mantenere l'elettrodo fermo durante la stimolazione si deve utilizzare del nastro adesivo simile a quello utilizzato per le medicazioni; è consigliabile utilizzare del nastro adesivo al posto delle fasce per limitare il fastidio dovuto

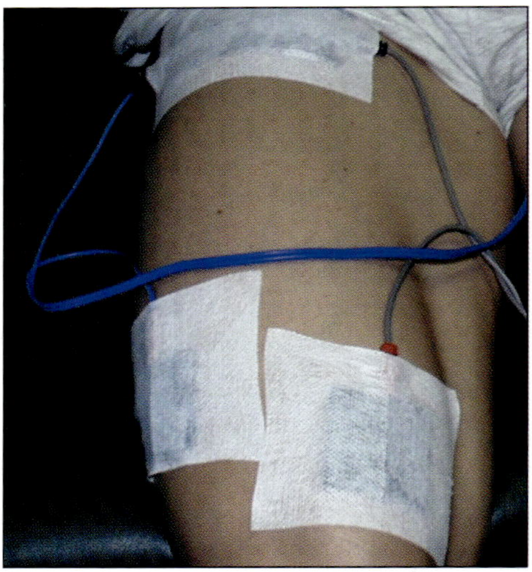

Fig.11 Utilizzo di elettrodi in fibra

Fig.12 Elettrodi in fibra

alla compressione del muscolo sotto stimolazione con l'utilizzo di fasce, che per svolgere adeguatamente il loro compito devono essere abbastanza strette. L'utilizzo di questo tipo di elettrodo è certamente consigliato in caso di presenza notevole di peli o se durante la stimolazione è richiesta l'esecuzione di movimenti, come avviene se si utilizzano metodiche combinate sotto stimolazione.

Elettrodi autoadesivi

Gli elettrodi autoadesivi sono costituiti da una parte conduttiva, generalmente costituita da una rete metallica, e da una parte che integra le funzioni del gel e del collante.

Il velo di gel unisce le caratteristiche di miglioramento della conduzione e di adattamento dell'elettrodo alla superficie irregolare della pelle, alle caratteristiche di adesività del collante.

Questo tipo di elettrodo risulta certamente molto più comodo e facile da utilizzare anche se il gel ed il collante tendono a deteriorarsi nell'arco di alcune sedute di stimolazione.

Infatti il gel tende a deteriorarsi a contatto con il sudore ed il collante a diminuire la sua forza, quindi l'elettrodo tende progressivamente a condurre peggio la corrente ed a staccarsi dalla pelle, con il risultato di far diminuire l'efficacia ed il comfort della stimolazione. La durata del materiale dipende ovviamente dalla qualità del prodotto e risulta difficile ed oltremodo impreciso farne una stima, anche se generalmente si riescono ad effettuare una decina di sedute senza dover sostituire gli elettrodi. Per migliorare la durata di questi prodotti, sia da usato che da nuovo è utile mantenerli in frigorifero, in questo modo si riescono a mantenere meglio nel tempo le caratteristiche conduttive del gel. L'uso di questo genere di elettrodi è certamente consigliato quando si deve ridurre il tempo necessario al posizionamento degli elettrodi stessi e se questi devono essere posti su superfici prive di peli o depilate; inoltre, per migliorare la durata degli elettrodi non devono essere utilizzati su pelle umida

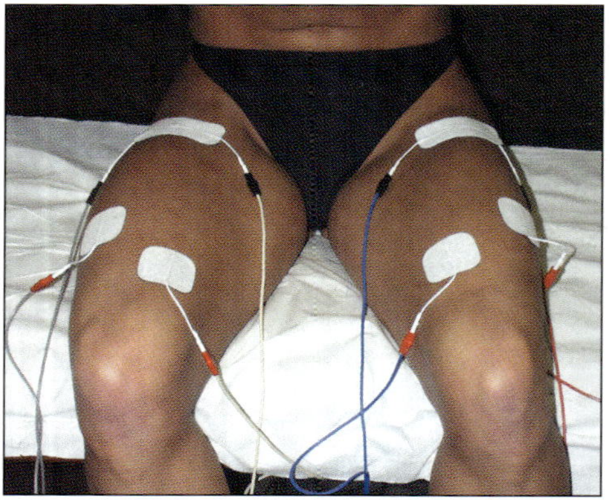

Fig.13 Utilizzo di elettrodi autoadesivi

o trattata con creme. Certamente questo genere di prodotto è consigliato nei trattamenti estetici, per la praticità, nei trattamenti antalgici e nelle prime sedute di stimolazione per ridurre i tempi necessari alla preparazione.

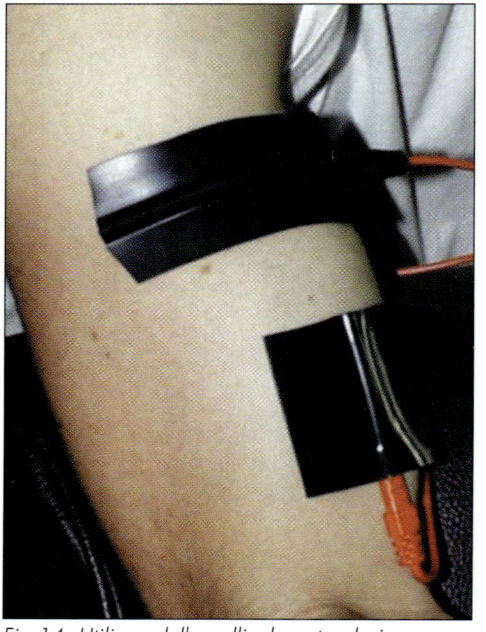

Fig.14 Utilizzo della pellicola autoadesiva insieme agli elettrodi in fibra

Pellicola autoadesiva

Ultimamente si è affacciato sul mercato un nuovo prodotto costituito da un foglio di gel solido che, analogamente agli elettrodi autoadesivi, integra le caratteristiche conduttive del gel a quelle adesive del collante. Questo prodotto, consente di utilizzare gli elettrodi in fibra come se fossero autoadesivi con il vantaggio di poter sostituire solamente la parte di gel mantenendo la parte conduttiva vera e propria dell'elettrodo.

I pregi ed i difetti di questo prodotto sono del tutto analoghi a quelli considerati per gli elettrodi autoadesivi, quindi legati al degrado tanto delle capacità conduttive del gel quanto alla riduzione del potere adesivo del collante. Per migliorare la durata della pellicola autoadesiva e mantenere al meglio le qualità conduttive del gel è utile conservare il prodotto in frigorifero.

Capitolo 12

la seduta di allenamento

La seduta di allenamento

Per ottenere buoni risultati da un allenamento è certamente fondamentale scegliere con attenzione il programma da svolgere per poter pianificare la seduta nel miglior modo possibile senza dimenticarsi neanche delle caratteristiche tipiche dell'elettrostimolazione, con i suoi pregi ed i suoi difetti. È quindi importante che nell'organizzazione della seduta di elettrostimolazione vengano esaltati i punti di forza di questa metodica di allenamento e ne vengano contenuti i limiti. Considerando come elemento dominante dell'allenamento la stimolazione elettrica, si devono in primo luogo scegliere correttamente i programmi, quindi le frequenze da utilizzare. La scelta precisa della frequenza di stimolazione consente di raggiungere efficacemente gli obiettivi prefissati, mentre una scelta imprecisa o addirittura errata comporta certamente un limitato sviluppo delle qualità muscolari che si vogliono allenare, oltre ad un incremento di qualità muscolari non ricercate con effetti assolutamente controproducenti sulla performance sportiva. Una volta scelto il protocollo di stimolazione migliore in funzione delle necessità individuali, si può iniziare la pianificazione della seduta di allenamento fin nei minimi dettagli.

I princìpi che rappresentano i cardini di una seduta di stimolazione sono a grandi linee assimilabili a quelli basilari per la pianificazione di una seduta di potenziamento muscolare eseguita con metodiche tradizionali.

Integrazione della stimolazione con metodiche tradizionali

In aggiunta ai normali aspetti da considerare nell'organizzazione di un allenamento, si deve tenere presente che l'elettrostimolazione ottiene un incremento delle qualità meccaniche del muscolo senza un preciso ed organico intervento del sistema nervoso centrale. L'allenamento avviene grazie alla contrazione delle fibre muscolari per via indotta ed indiretta; tutto ciò comporta un intervento estremamente limitato del S.N.C e di tutte le strutture dell'apparato lo-

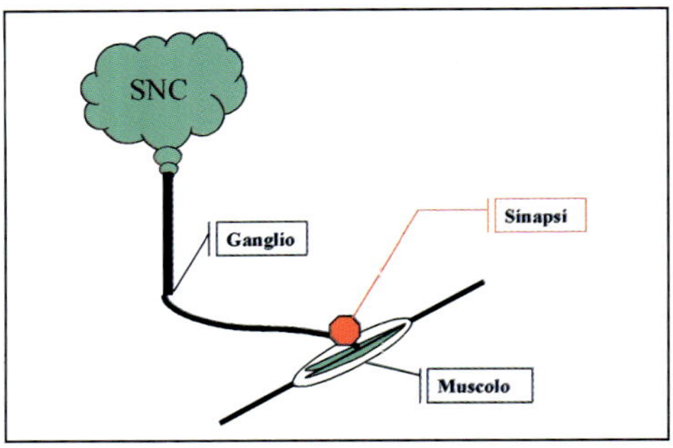

Fig.1 Dal sistema nervoso centrale al muscolo

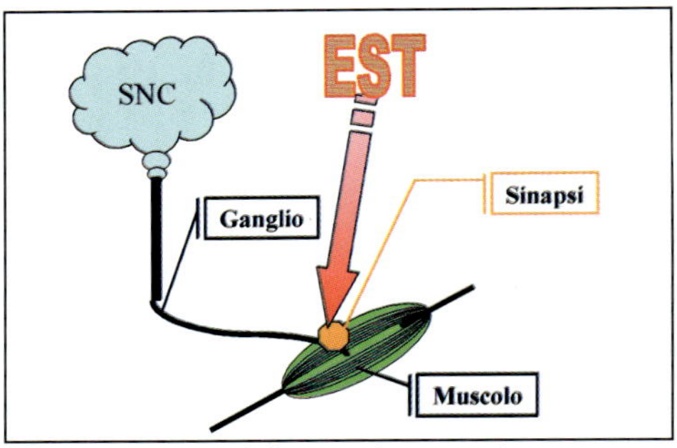

Fig.2 Intervento della stimolazione elettrica sull'attivazione muscolare

comotore, che in un secondo tempo devono usufruire autonomamente dei benefici dell'allenamento. Ciò serve a comprendere meglio come questa metodica, da sola, non possa sostituire in toto un allenamento e tantomeno una seduta di recupero funzionale.
Considerando lo scarso intervento del sistema nervoso centrale nell'allenamento indotto con l'elettrostimolazione diventa di importanza basilare pianificare, all'interno della seduta di allenamento anche una parte di lavori in cui si possano utilizzare classiche metodiche di potenziamento muscolare, sia con sovraccarichi che a carico naturale.
Questa integrazione della seduta di stimolazione risulta estremamente utile tanto nell'allenamento quanto nel recupero funzionale e nei trattamenti estetici, dal momento che si riescono ad incrementare sia le qualità meccaniche sia le qualità neuromotorie di controllo del muscolo, migliorando quindi anche l'aspetto prettamente funzionale.

La seduta di allenamento

Prima di iniziare una seduta di elettrostimolazione, è consigliabile dedicare un po' di tempo ad un buon riscaldamento.

Riscaldamento fisico

Questa premessa alla stimolazione consente di preparare la muscolatura a sostenere al meglio l'elettrostimolazione sfruttandone in toto i vantaggi per tutta la durata dell'allenamento e limitando l'eventuale insorgenza di dolore muscolare nei giorni successivi.
Inoltre anche sotto elettrostimolazione il muscolo compie lavoro, contraendosi e rilasciandosi, quindi consuma energia;

Fig.3 Organizzazione dell'allenamento

Fig.4 Riscaldamento fisico

conseguentemente il sistema cardiaco e respiratorio devono concorrere, almeno in parte, a fornire al muscolo substrati energetici necessari per compiere il lavoro richiesto e per smaltire le sostanze di rifiuto prodotte dall'attività fisica.

Riscaldamento sistemico

Per preparare adeguatamente una seduta di elettrostimolazione, in particolare se si prevede che sia particolarmente impegnativa, si devono attivare sia l'apparato cardiocircolatorio che quello respiratorio, sia i muscoli stessi al fine di avviarli al meglio ad un allenamento particolarmente intenso ed impegnativo per le fibre.

Per incrementare l'attività cardiocircolatoria e respiratoria si devono utilizzare delle macchine da cardiofitness, come

Fig.6 Bike

Fig.5 Step

Fig.7 Run

una bike, uno step o un run ed è necessario protrarre l'esecuzione dell'attività per almeno 8' – 10'.
Il riscaldamento sistemico riveste un ruolo particolarmente importante se si vogliono allenare gruppi muscolari di grosse dimensioni, come quadricipiti, polpacci, glutei, addominali o pettorali.

Riscaldamento specifico

Mentre il riscaldamento sistemico può essere evitato se la stimolazione non richiede un grosso impegno muscolare, o se si stimolano piccoli gruppi muscolari, un riscaldamento specifico e mirato alla muscolatura che si vuole allenare è consigliabile indipendentemente dalla finalità della seduta e dal distretto muscolare che si deve stimolare.
La scelta degli esercizi da utilizzare in questa fase dipende da moltissimi fattori, in primo luogo dal distretto muscolare da stimolare, oltre alle necessità ed alle caratteristiche della persona che si deve allenare.
A titolo di esempio si possono considerare alcuni esercizi di riscaldamento per la stimolazione dei quadricipiti, dei bici-

Fig.8 Leg extension

Fig.9 Leg press

Fig.10 Lat machine

Fig. 11 Addominali

piti, degli addominali, dei pettorali e del gran dorsale.

Ovviamente, ci si deve ricordare che nella fase di riscaldamento la muscolatura non deve essere preaffaticata o stressata, ma soltanto preparata e messa nelle migliori condizioni per sfruttare appieno i vantaggi della successiva seduta di elettrostimolazione.

Riscaldamento con EST

Una volta completato il riscaldamento fisico, sia da un punto di vista sistemico che specifico, si devono posizionare gli elettrodi sul distretto muscolare che deve essere allenato.

Quando gli elettrodi sono correttamente posizionati si deve utilizzare un programma di riscaldamento dedicato al muscolo che si vuole stimolare, quindi con una cronassia adeguata al distretto da allenare.

Le caratteristiche dei programmi di riscaldamento sono tali da far contrarre la muscolatura senza arrivare ad un reclutamento ottimale come avviene utilizzando i programmi di allenamento.

Nella dotazione standard degli elettro-

Fig. 12 Riscaldamento con EST

stimolatori si trovano comunemente due tipi di programmi di riscaldamento che utilizzano frequenze diverse, adatti a precedere sedute che richiedono un differente impegno muscolare.

Riscaldamento amiotrofia

Nell'eventualità che si debba riscaldare una muscolatura fortemente amiotrofica ed ipotonica si devono utilizzare dei programmi che non stressino eccessiva-

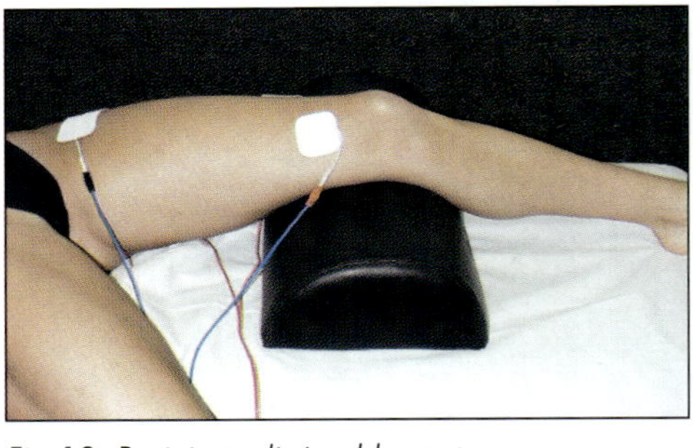

Fig. 13 Posizione di riscaldamento per un quadricipite amiotrofico

mente la muscolatura.
Un programma di questo genere stimola il muscolo ad una frequenza compresa fra i 5 Hz ed i 10 Hz, consentendo al muscolo di essere attivato senza fargli raggiungere la tetanizzazione, ma incrementando l'afflusso ematico locale e prendendo confidenza con la sensazione della stimolazione elettrica.
Dal momento che la muscolatura sotto stimolazione non viene tetanizzata si può prolungare la stimolazione per tutti i minuti del riscaldamento senza inserire dei tempi di pausa.

Riscaldamento forza

Prima di una stimolazione impegnativa di potenziamento, indipendentemente dagli obiettivi della seduta, è conveniente utilizzare dei programmi di riscaldamento che impegnino la muscolatura maggiormente di quanto facciano i programmi di riscaldamento per l'amiotrofia. Le frequenze da utilizzare in questa fase sono tali da far tetanizzare la muscolatura stimolata, senza creare un effetto di affaticamento importante delle fibre stimolate.
Le basse frequenze sono quelle che meglio rispondono alle necessità di questa fase della seduta.
Infatti stimolando a bassa frequenza si riescono a tetanizzare le fibre lente, quindi quelle che hanno un metabolismo prevalentemente aerobico ed un'ottima resistenza all'affaticamento.
Inoltre le fibre lente, di tipo "I" sono riccamente vascolarizzate, quindi una loro attivazione, anche per via indotta comporta un incremento dell'afflusso ematico locale.
Le frequenze consigliate per un riscaldamento con queste caratteristiche sono comprese fra i 20 ed i 35 Hz.
Per ottenere i migliori risultati dal riscaldamento non si deve incrementare troppo rapidamente l'intensità della stimolazione al fine di non stressare il muscolo reclutato; per essere certi di questo ci si deve accertare che la stimolazione risulti assolutamente non fastidiosa. Una stimolazione eseguita anche solo a 20 Hz è in grado di tetanizzare la muscolatura, che rimanendo in contrazione non ha possibilità di smaltire i cataboliti prodotti dall attività muscolare e di ripristinare le proprie riserve metaboliche. Protrarre una contrazione tetanica per un tempo eccessivamente lungo può portare a dolori muscolari o a crampi; per evitare questi inconvenienti, in particolare durante il riscaldamento, è bene alternare una fase di contrazione a una di riposo, in cui il muscolo può prepararsi alla successiva contrazione. Questo tipo di stimolazione può essere definita come alternata, con la caratteristica che si alternano una fase di lavoro ed una di recupero

Lavoro

Terminata la fase di riscaldamento si è nelle migliori condizioni per svolgere l'allenamento vero e proprio.
Prima di tutto si deve effettuare la scelta dei programmi di stimolazione in funzione degli obiettivi che si vogliono raggiungere. In funzione della frequenza utilizzata, infatti si reclutano fibre

Caratteristiche funzionali	**Tipo di fibra**		
	ST (Fibre tipo I)	**FTA (Fibre tipo IIA)**	**FTB (Fibre tipo IIB)**
Capacità di forza	Bassa	Alta	Alta
Resistenza alla fatica	Alta	Bassa	Bassa
Elasticità	Bassa	Alta	Alta
Tempo di contrazione	Lungo	Breve	Breve
Tempo di rilasciamento	Lungo	Breve	Breve
Caratteristiche enzimatiche			
Attività ossidativa	Alta	Alta	Bassa
Attività glicolitica	Bassa	Alta	Alta
Aspetti strutturali			
Diametro della fibra muscolare	Piccolo	Grande	Grande
Densità capillare	Alta	Media	Bassa

Fig. 14 Classificazione delle fibre muscolari
"Le basi fisiologiche dell'educazione fisica e dello sport", Fox Bowers Foss Il Pensiero Scientifico Editore

muscolari con caratteristiche meccaniche, istologiche e metaboliche peculiari; in questo modo si può pianificare con buona precisione quali obiettivi si vogliono ottenere con l'allenamento confezionato.
L'elemento determinante per ottenere dei buoni risultati da un allenamento con l'elettrostimolazione è la scelta delle frequenze da utilizzare durante la fase di lavoro, quindi durante l'allenamento vero e proprio.
Per scegliere correttamente il protocollo di stimolazione si devono in primo luogo conoscere gli obiettivi della seduta, in funzione quindi delle necessità dell'atleta che si deve stimolare.

- **Conoscere gli obiettivi della stimolazione**

Devono essere analizzate le necessità specifiche della persona che deve essere stimolata in funzione delle qualità muscolari tipiche della disciplina sportiva praticata o dei deficit funzionali presenti.

- **Definizione delle qualità muscolari da allenare**

Una volta analizzate le necessità specifiche individuali si devono definire le qualità muscolari che conviene allenare.

• Rapporto fra le qualità muscolari da allenare e le fibre da stimolare

In funzione delle qualità muscolari che si vogliono migliorare con la stimolazione si deve decidere se conviene stimolare le fibre lente "ST di tipo I" le intermedie "FTA di tipo II" o le veloci "FTB di tipo II".

• Scelta della frequenza di stimolazione

In funzione degli obiettivi si deve selezionare la frequenza da utilizzare durante la stimolazione.

Scelta della frequenza di stimolazione

Quando si è deciso quali sono le fibre che si vogliono stimolare, in funzione degli obiettivi da raggiungere si deve scegliere la frequenza di stimolazione che è in grado di reclutare nel modo migliore quelle fibre.

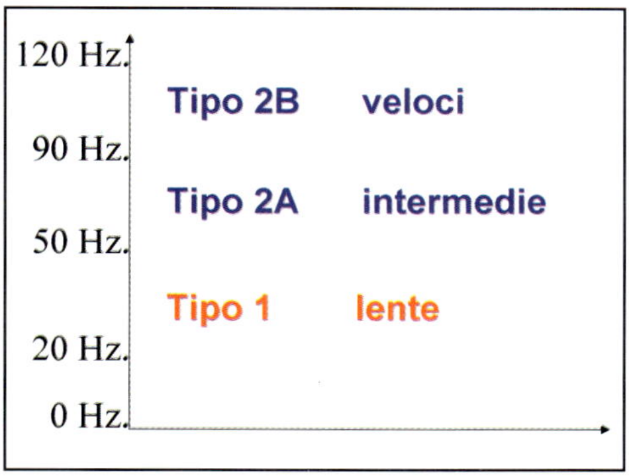

Fig. 15 Schematizzazione delle frequenze di stimolazione adatte a reclutare i diversi tipi di fibre muscolari

Per operare questa scelta è utile far riferimento ad una tabella generale con la quale mettere in relazione frequenza e fibre muscolari.

- **20 Hz. 50 Hz.**
  Fibre lente di tipo "I"
- **50 Hz. 90 Hz.**
  Fibre intermedie di tipo "IIa"
- **90 Hz. 120 Hz.**
  Fibre veloci di tipo "IIb"

Posizioni e metodiche di lavoro

Non è sufficiente aver preparato la muscolatura e aver strutturato il protocollo di stimolazione per iniziare la seduta vera e propria; infatti è necessario ancora stabilire come si vuole eseguire la stimolazione, quindi in quali posizioni stimolare il muscolo selezionato.

L'obiettivo di questa scelta è riuscire a trovare una metodica di stimolazione che sia:

- la più confortevole possibile;
- quella che potenzialmente crei meno disturbi articolari;
- quella in cui si riesce a sostenere la maggiore intensità di stimolazione;
- quella che consente di far svolgere al muscolo un'attività simile a quella espressa nel gesto di gara.

Per definire in toto il protocollo di stimolazione si deve ancora decidere se utilizzare o meno un sovraccarico; la scelta, ovviamente, è strettamente correlata al gruppo muscolare che si sta allenando. Tutti i gruppi muscolari possono essere allenati solo con l'ausilio dell'elettrostimolazione, o con metodiche definite "combinate" in cui l'effetto allenante dell'elettrostimolazione viene incrementato da un intervento volontario con o senza l'ausilio di sovraccarichi.

Solo elettrostimolazione

L'utilizzo della stimolazione da sola è una soluzione certamente comoda per stimolare alcuni gruppi muscolari ma la cui efficacia può risultare limitata.
Questa metodica è molto efficace nel caso di un recupero funzionale in cui sia necessario prima di tutto recuperare la funzionalità muscolare ed il tono di base, mentre può risultare limitativa se utilizzata con finalità allenanti. Per poter utilizzare l'elettrostimolatore ad intensità adeguate alle richieste personali è necessario ricorrere a qualche accorgimento per evitare che il muscolo, sotto stimolazione crei un movimento angolare non facilmente controllabile.
Questa eventualità è da evitare perché può comportare l'insorgenza tanto di dolori muscolari quanto articolari; la soluzione a questo problema normalmente adottata è l'utilizzo di resistenze fisse.

Metodiche combinate

L'utilizzo di metodiche combinate durante la fase di allenamento vero e proprio comporta un valido incremento delle qualità allenanti della stimolazione elettrica. Con metodiche combinate non si intende esclusivamente l'uso di sovraccarichi, infatti anche il solo carico naturale permette di migliorare note-

Fig.16 Contrazione muscolare indotta solo dallo stimolatore

volmente la resa dell'allenamento.
Utilizzare contemporaneamente alla stimolazione anche altre metodiche di lavoro, consente di migliorare il comfort della stimolazione favorendo quindi l'utilizzo di intensità di corrente più eleva-

te con un conseguente incremento della percentuale di fibre muscolari reclutate dallo stimolatore.

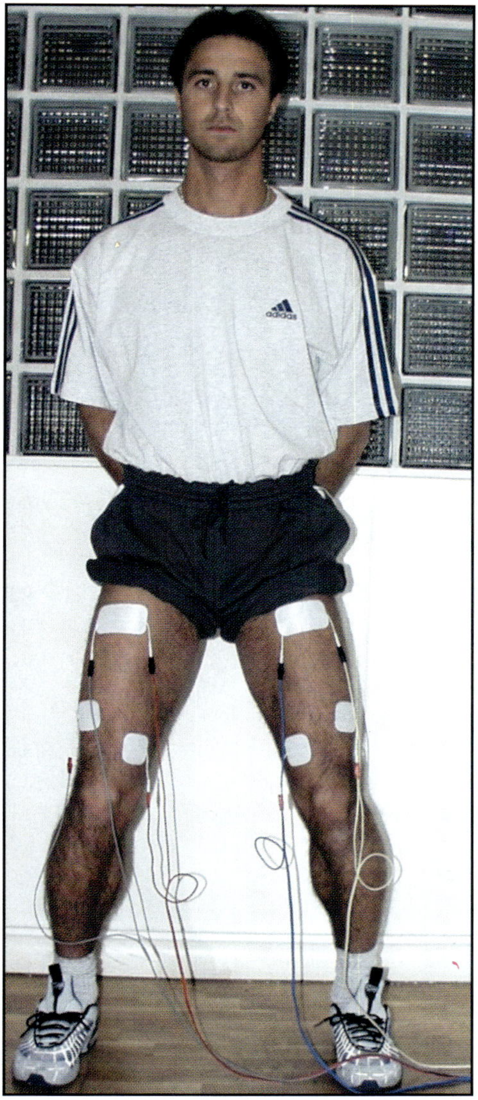

Fig.17 Stimolazione a carico naturale

A carico naturale

La possibilità di stimolare un muscolo, utilizzando come resistenza solo il peso del corpo, è estremamente utile non richiedendo l'utilizzo di macchine particolari o di attrezzi; questo tipo di allenamento è applicabile in qualsiasi luogo, anche se non adatto ad una "vera" seduta di allenamento .

L'aspetto pratico del lavoro a carico naturale assume un ruolo basilare per l'utilizzo dell'elettrostimolazione da parte

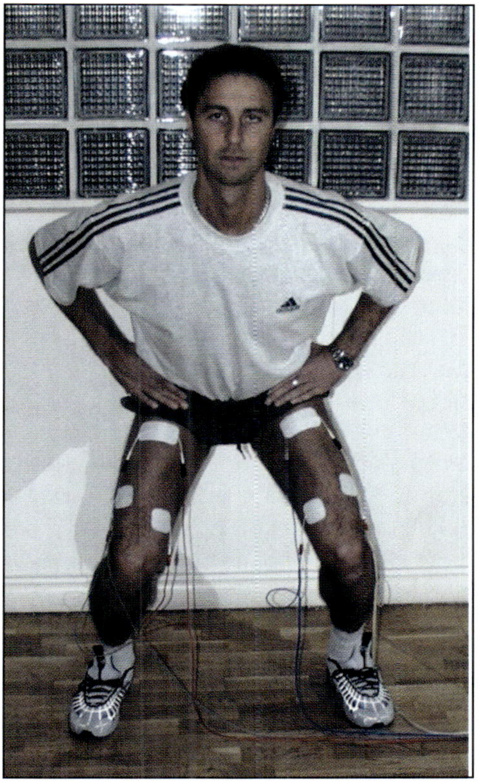

Fig.18 Stimolazione a carico naturale

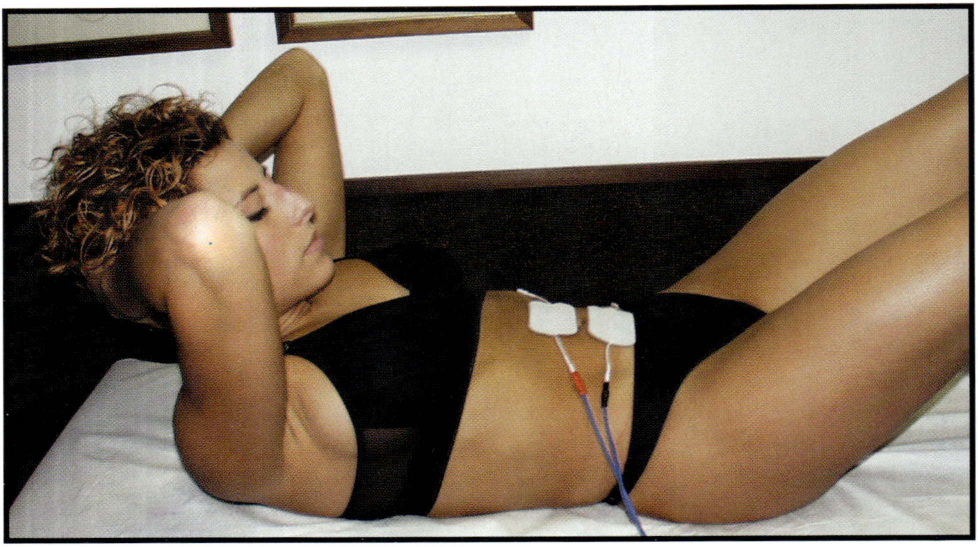

Fig. 19 Stimolazione del retto addominale

dei personal trainer, o da atleti agonisti costretti a continue trasferte.
Per contro non tutti i gruppi muscolari si prestano ugualmente bene a questa metodica di lavoro. Certamente possono perfettamente essere allenati a carico naturale i muscoli che appartengono alla catena estensoria degli arti inferiori; il loro ruolo antigravitario, infatti consente ad essi di utilizzare al meglio il peso del corpo come resistenza alla loro azione concentrica. Anche la muscolatura addominale può essere stimolata senza bisogno di utilizzare sovraccarichi per limitare l'escursione articolare sotto stimolazione. Per contro è abbastanza difficile utilizzare questa metodica di lavoro su gruppi muscolari che non svolgono un'azione antigravitaria come il bicipite brachiale o la muscolatura flessoria della gamba

Con sovraccarichi

La possibilità di utilizzare dei sovraccarichi in abbinamento alla stimolazione elettrica indotta risolve molti dei problemi riscontrabili con l'utilizzo della elettrostimolazione,sia usata da sola che con il carico naturale.
Infatti la presenza stessa del sovraccarico limita il rischio che il muscolo stimolato raggiunga una condizione di massimo accorciamento con l'insorgenza di dolore ed eventualmente con il rischio dei crampi. Nell'eventualità che si debba elettrostimolare un soggetto con qualche patologia muscolare, tendinea o articolare, si può scegliere la metodica di lavoro con la quale si riescono ad ottenere i migliori risultati evitando in tutti i modi di aggravare la patologia.
Le macchine da palestra, inoltre con-

Fig.20 Stimolazione con l'ausilio di un sovraccarico

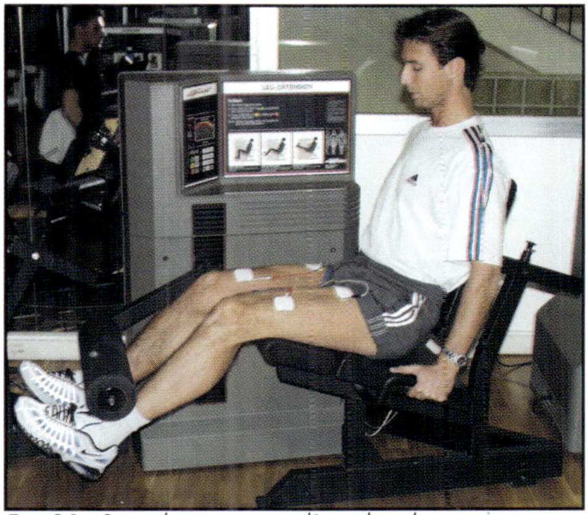

Fig.21 Stimolazione con l'ausilio di una leg extension

sentono di operare anche un controllo sull'escursione articolare possibile durante l'esecuzione di un esercizio; questa possibilità serve in primo luogo a limitare ulteriormente la possibilità di trovarsi in situazioni spiacevoli o di provocare fastidio o addirittura dolore alla persona che si sta allenamento.

Quadricipite

La muscolatura estensoria degli arti inferiori è sicuramente quella più allenata dalla maggior parte degli sportivi alla ricerca del miglioramento della performance sportiva, dal momento che moltissime discipline sportive richiedono particolari doti di forza o di resistenza della muscolatura estensoria degli arti inferiori.
Per allenare i quadricipiti si possono utilizzare, in abbinamento alla stimolazione una serie di esercizi con sovraccarichi, come la leg extension o la pressa.
Tutti questi esercizi sono validi per incrementare le doti di forza e di resistenza della muscolatura, in funzione anche delle frequenze che si utilizzano durante la seduta.

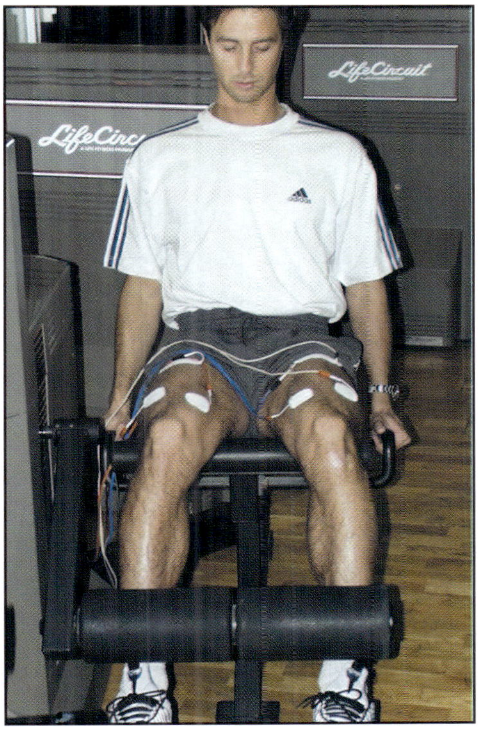

Fig.22 Stimolazione con l'ausilio di una leg extension

Fig.23 Stimolazione con l'ausilio di una leg press

Bicipite brachiale

Per stimolare il bicipite brachiale è certamente conveniente abbinare all'elettrostimolazione l'utilizzo di bilancieri liberi o eseguire la stimolazione direttamente su una panca scott.

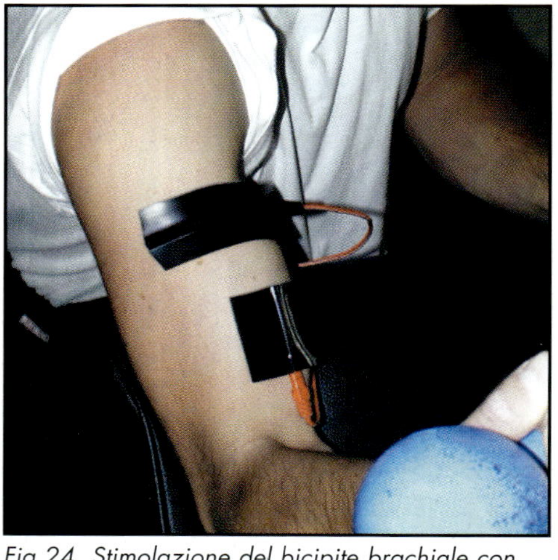

Fig.24 Stimolazione del bicipite brachiale con sovraccarico

Flessori della gamba

Per stimolare la muscolatura flessoria degli arti inferiori, la soluzione attualmente più comoda e conveniente è in abbinamento all'utilizzo di una leg curl.

Addominali

La stimolazione della muscolatura addominale a differenza della maggior parte dei muscoli è conveniente effettuarla senza l'utilizzo di crunch o di qualsiasi sovraccarico.
La stimolazione con il solo utilizzo del carico naturale, infatti, consente di ot-

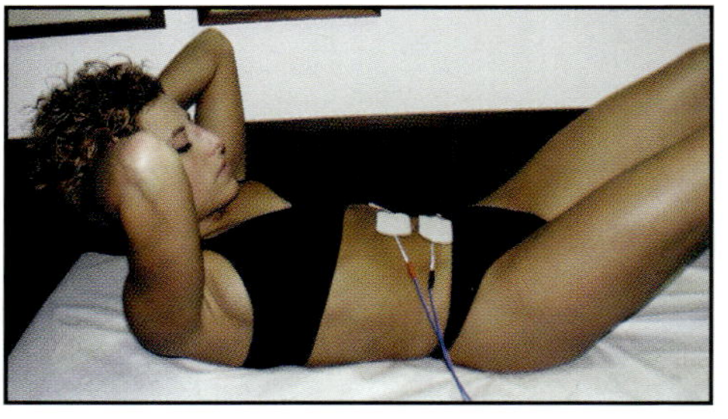

Fig.25 Stimolazione della muscolatura addominale

tenere ottimi risultati sia per l'incremento della tonicità che della forza senza sovraccaricare la schiena, limitando quindi il rischio dell'insorgenza di dolori muscolari o articolari a carico della colonna in seguito alla seduta di stimolazione.

Un consiglio importante

Quando si utilizzano metodiche dinamiche, sia a carico naturale che utilizzando sovraccarichi è consigliabile avere il supporto di una persona esperta

nell'utilizzo di queste metodiche per evitare possibili inconvenienti.
In ogni caso quando si esegue una seduta di elettrostimolazione con sovraccarico è buona norma, sempre a vantaggio della sicurezza, utilizzare delle macchine da palestra denominate "rom", con le quali si riesce a limitare l'escursione del movimento.
Con questa accortezza non si rischia che, durante la fase di contrazione indotta dallo stimolatore, il muscolo si trovi in condizione di massimo accorciamento. Il muscolo, infatti, non deve essere stimolato quando è già in massimo accorciamento per evitare il rischio di contratture o di dolore muscolare durante la stimolazione.
L'immagine rappresenta il tipico meccanismo di limitazione del range angolare di una leg extension.

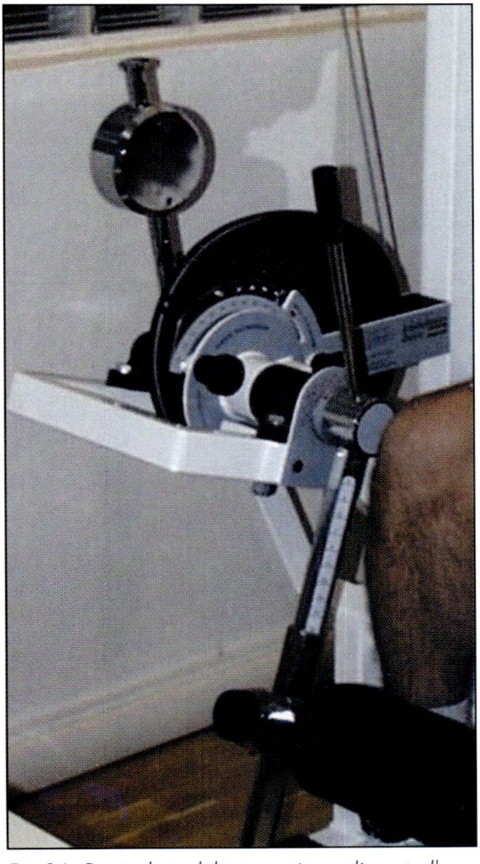

Fig.26 Particolare del meccanismo di controllo angolare di una leg extension

Defaticamento

Dopo la fine della stimolazione è estremamente utile dedicare almeno 5' o meglio 10' al defaticamento
Il recupero più efficace non è costituito dal solo riposo ma da un'attività molto blanda definita come "recupero attivo" in cui la muscolatura viene stimolata ad una frequenza compresa fra i 10 Hz e 1 Hz e deve essere svolto in condizioni di rilassamento quindi in una posizione in cui il muscolo possa rilassarsi e rimanere quasi del tutto rilasciato (Fig.27).

Trasformazione

Una volta terminata la seduta di stimolazione è opportuno integrare l'allenamento con alcuni esercizi dinamici volontari al fine di migliorare l'efficacia della stimolazione. Durante la fase di "trasformazione" si devono selezionare gli esercizi e le metodiche di lavoro maggiormente utili al raggiungimento degli obiettivi dell'allenamento. Per scegliere correttamente gli esercizi da utilizzare dopo l'elettrostimolazione si deve aver

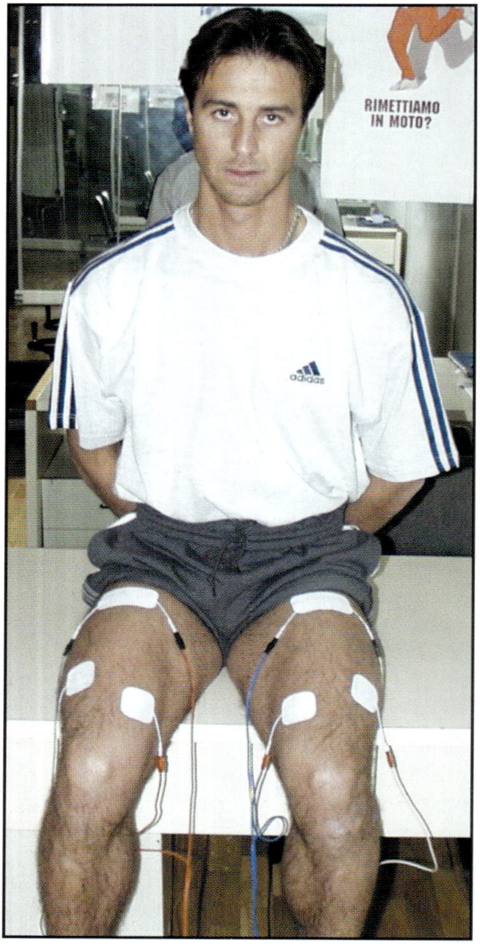

Fig.27 Dopo la stimolazione è necessario defaticare la muscolatura

Fig.28 Trasformazione con sovraccarichi

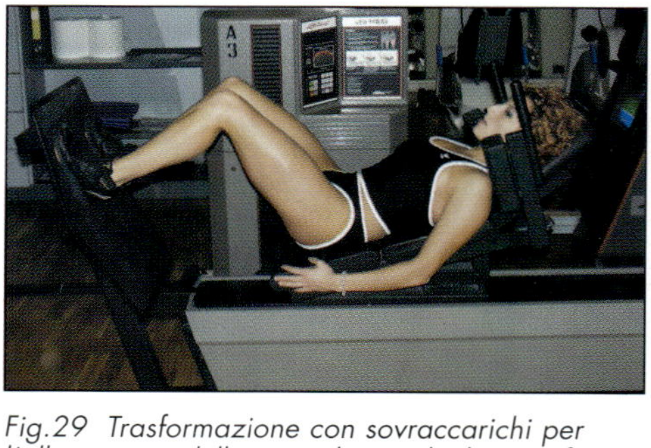

Fig.29 Trasformazione con sovraccarichi per l'allenamento della muscolatura degli arti inferiori

ben presente se si vuole agire ancora sulla forza o se si preferisce alleggerire la parte finale dell'allenamento utilizzando esercizi che mirano ad incrementare qualità dinamiche e coordinative.

Fig.30 Trasformazione con sovraccarichi

Fig.31 Trasformazione con sovraccarichi

Forza

Se si decide di completare l'allenamento intervenendo sullo sviluppo della forza, si devono utilizzare nuovamente dei sovraccarichi, gestiti con metodiche specifiche in funzione degli obiettivi a breve, medio e lungo termine che si vogliono ottenere.

Coordinazione

Se si preferisce agire sul miglioramento della gestualità tecnica è conveniente utilizzare sovraccarichi ridotti o addirittura nulli e puntare l'attenzione sulla precisione e sulla rapidità di esecuzione del movimento, sfruttando l'affatica-

Fig.32 Trasformazione rivolta al miglioramento degli aspetti coordinativi

mento muscolare indotto dalla stimolazione. In questo modo si riesce a far ripetere all'atleta una gestualità simile a quella di gara ma in una condizione muscolare particolarmente difficoltosa. Se si decide di utilizzare esercizi ad elevata componente coordinativa, si può addirittura decidere di far seguire alla seduta di stimolazione un allenamento tecnico vero e proprio, anche se di impegno ed intensità moderata.

Durata della stimolazione

Parlare di stimolazione equivale a parlare di allenamento, conseguentemente la durata ottimale di una seduta di elettrostimolazione, così come quella di una seduta di allenamento, non può essere semplicemente standardizzata anche se a grandi linee ed a titolo di esempio si possono considerare dei range di durata della stimolazione adeguati alle più comuni esigenze riscontrabili.

• Il riscaldamento

La fase di riscaldamento con elettrostimolatore viene fatta comunemente durare circa 5' sia che si stia preparando la muscolatura ad una seduta di recupero funzionale che ad una di allenamento o con finalità estetiche.

• La fase di lavoro

La fase di allenamento vero e proprio può durare anche solo 10' o 15' se si stimola una persona non abituata all'utilizzo di questa metodica di allenamento e con una muscolatura particolarmente ipotonica ed ipotrofica.

Fig.33 Trasformazione dinamica

Le sedute di allenamento con soggetti condizionati alla metodica di lavoro possono durare anche 40' o 50', ovviamente con programmi adeguati alle necessità ed al tipo di seduta che si vuole svolgere. Rimane da considerare che esprimere dei valori numerici di riferimento risulta molto difficile e certamente impreciso dal momento che il modo migliore per non commettere errori è adeguare un concetto generale alle necessità individuali della persona che si vuole allenare.

• Il defaticamento

Il defaticamento o recupero attivo è utile se prolungato per almeno 5' ma può durare anche un tempo più lungo in funzione del grado di affaticamento della persona stimolata.

programmazione dei parametri elettrici di stimolazione

Capitolo

13

Programmazione

Il mercato degli elettrostimolatori, in questi ultimi anni, sta aprendo le porte ad una nuova gamma di apparecchiature che, pur mantenendo i costi entro livelli abbastanza bassi, propongono potenzialità applicative importanti, rivolte in particolare a professionisti ed esperti del settore.
Gli stimolatori programmabili permettono ad allenatori, preparatori fisici ed atleti di confezionare programmi personalizzati ed altamente specifici, agendo direttamente sui parametri elettrici, modificandoli. La possibilità di personalizzare i protocolli di stimolazione, se utilizzata in maniera opportuna e da persone preparate, consente di adattare perfettamente l'allenamento a ciascun atleta, sfruttando al meglio la seduta di stimolazione in funzione sia dell'attività sportiva praticata, sia delle doti fisiche che di eventuali deficit individuali.
La personalizzazione del lavoro permette una grande specificità dell'allenamento ed il miglioramento dei risultati anche in campo estetico, nel fitness e nel recupero di infortuni.
Per contro una programmazione sbagliata non solo non porta i vantaggi sperati, ma comporta un miglioramento di qualità diverse, magari antitetiche, rispetto a quelle volute con un risultato pratico negativo.

La migliore scelta

Sebbene le macchine in commercio consentano di programmare autonomamente le sedute di allenamento ed i programmi da utilizzare, è sempre meglio, per la modifica dei parametri elettrici, affidarsi a professionisti in grado di strutturare i programmi di stimolazione in funzione delle necessità specifiche.
Questa scelta consente di ottenere il miglior rendimento del lavoro, riducendo enormemente i rischi di effettuare scelte sbagliate o controproducenti.

Quando programmare

Alcuni stimolatori in commercio permettono di modificare liberamente i parametri elettrici della stimolazione, consentendo quindi una totale personalizzazione della seduta di stimolazione. Questa possibilità deve però essere utilizzata con cautela per evitare di creare danni manipolando i parametri elettrici non correttamente o in situazioni in cui una modifica della stimolazione "standard" risulti non necessaria o addirittura controproducente.
La modifica dei parametri di stimolazione o la creazione di programmi con caratteristiche diverse da quelle standard, infatti, presuppone la perfetta conoscenza di tutti i parametri elettrici manipolabili e gli effetti che le modifiche apportate possono comportare sull'efficacia dell'allenamento.
Prima di programmare una stimolazione è conveniente acquisire un'ottima esperienza sull'utilizzo dei programmi

"standard" ed in seguito porsi alcune domande relative alla reale necessità di programmare una stimolazione con parametri elettrici particolari.
Prima di iniziare la definizione di un protocollo di stimolazione personalizzato si devono valutare attentamente le reali necessità dell'atleta da allenare e occorre porsi domande come:
- Qual è l'obiettivo della stimolazione?
- È possibile raggiungere lo stesso obiettivo utilizzando un programma "standard" testato?
- È realmente necessario personalizzare la stimolazione?
- Sono in grado di effettuare le scelte migliori dei parametri di stimolazione in funzione degli obiettivi da raggiungere?

Se dopo avere effettuato questa analisi si decide di proseguire nella programmazione è necessario approfondire i significati di tutti i parametri modificabili e la loro applicazione nell'allenamento sportivo.

I parametri elettrici e i loro significati

Dal momento che la programmazione è di fatto accessibile a molti utenti, è importante conoscere quali siano i parametri elettrici modificabili ed a che cosa si riferiscano questi valori.

I parametri elettrici da considerare sono:

- Tipo di corrente
- Durata del trattamento
- Cronassia
- Tempo di salita
- Tempo di contrazione
- Tempo di discesa
- Tempo di riposo
- Frequenza durante la contrazione
- Frequenza durante il riposo

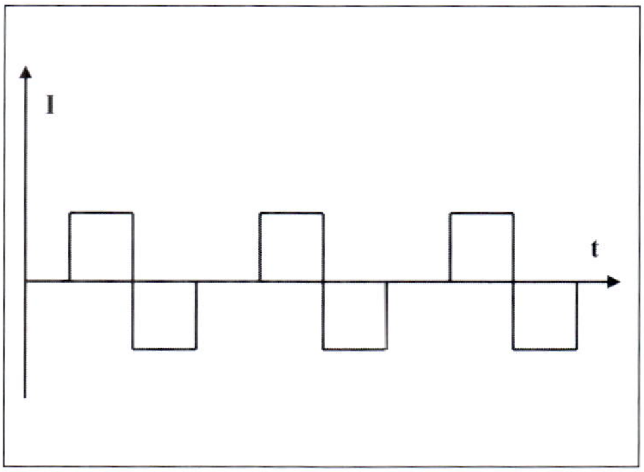

Figura 1: corrente alternata compensata per la stimolazione eccitomotoria

Tipo di corrente

La scelta del tipo di corrente da utilizzare per la stimolazione è, nella maggior parte dei casi, limitata a due sole possibilità, la "corrente TENS" e la "corrente eccitomotoria".
La "corrente TENS" consente di organizzare un programma con finalità antalgiche, mentre la "corrente eccitomotoria" presuppone che si voglia organizzare un programma di potenziamento, ricercando la contrazione della muscolatura striata.

Durata del trattamento

La durata dell'allenamento è la prima decisione da prendere per confezionare un programma; questa scelta deve avvenire in funzione delle necessità dell'individuo e delle qualità muscolari che si vogliono allenare. Non si può categoricamente considerare una durata minima o massima di un trattamento, anche se normalmente i tempi di stimolazione variano da 30' a 60', in funzione del tipo di stimolazione, dell'impegno muscolare richiesto e del grado di allenamento della persona stimolata.
Spesso è possibile concatenare programmi differenti che, tutti insieme, partecipano a definire la durata complessiva della seduta di stimolazione.

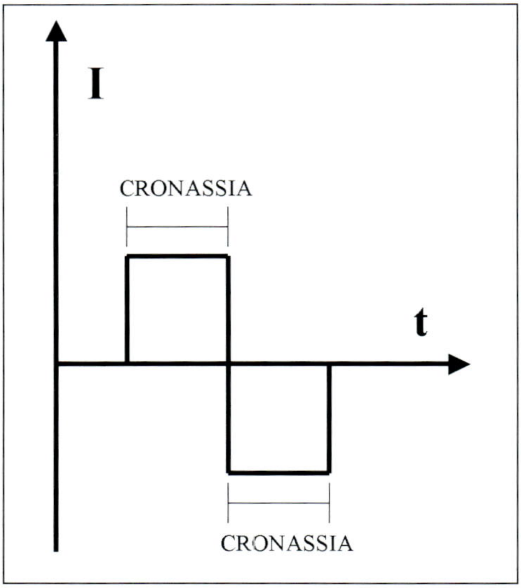

Figura 2: rappresentazione grafica della cronassia in un impulso

Cronassia

La cronassia rappresenta la durata del singolo impulso emesso dall'elettrostimolatore ed è specifica per ogni distretto muscolare.
Modificare questo valore può permettere di migliorare l'effetto stimolante su uno specifico gruppo muscolare o, molto più frequentemente, allontanarsi dal corretto livello di stimolazione.
La cronassia non può quindi essere aumentata o diminuita a piacimento, ma deve seguire una tabella di massima che ne specifichi i valori mediamente più corretti in funzione del distretto muscolare che si vuole stimolare.
Anche in questo caso può verificarsi una modesta variabilità individuale che non comporta alcun effetto negativo o riduttivo sull'efficacia della stimolazione utilizzando i parametri considerati **normali**. L'utilizzo di valori di cronassia superiori a quelli necessari comporta un

inutile stress muscolare, senza un adeguato incremento dell'efficacia allenante. Utilizzando valori inferiori a quelli ottimali, sicuramente non si arrecano danni ma si diminuisce l'efficacia della stimolazione; operando questa scelta, infatti, non si raggiunge correttamente il livello di soglia di tutte le fibre e si incrementa l'insorgere del fenomeno dell'accomodamento.
L'utilizzo di un valore di cronassia inferiore a quello consigliato è utilizzabile nel caso di soggetti particolarmente delicati e sensibili alla stimolazione o a seguito di traumi muscolari.

La contrazione muscolare

La fase di lavoro muscolare vera e propria è suddivisa in tre distinti momenti, strutturati indipendentemente l'uno dall'altro:

- Tempo di salita
- Tempo di contrazione
- Tempo di discesa

Questi tre momenti influenzano sensibilmente la seduta di stimolazione, sia dal punto di vista del comfort sia da quello dell'affaticamento muscolare.

Tempo di salita

Il tempo di salita rappresenta il tempo che l'intensità di stimolazione impiega a passare dal valore "0" a quello impostato, durante la fase di lavoro; quindi rappresenta il tempo che il muscolo impiega a raggiungere la massima tensione impostata.

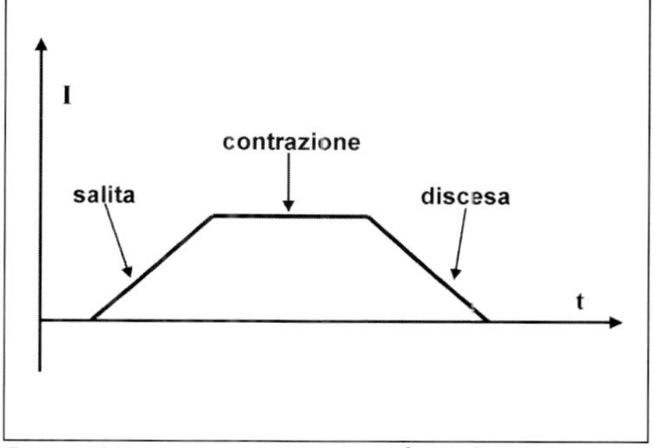

Figura 3: i tre momenti di una fase di contrazione con elettrostimolatore

La scelta di questo parametro temporale risente sostanzialmente delle caratteristiche fisiche e muscolari dell'atleta, dello sport praticato e quindi delle richieste specifiche del gesto tecnico.
L'entità del tempo di salita, inoltre, influenza notevolmente il comfort della stimolazione.
Tempi di salita molto brevi risultano difficilmente gestibili da parte della persona sottoposta al trattamento, che non ha sufficiente tempo per accorgersi dell'inizio della contrazione indotta e conseguentemente prepararsi

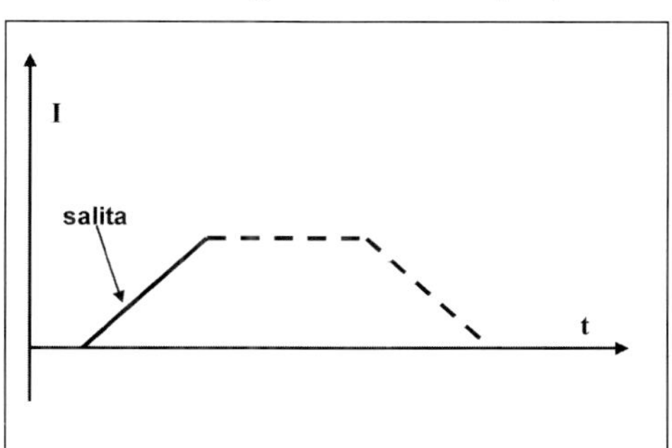

Figura 4: tempo di salita

prima che la tensione muscolare raggiunga valori elevati e potenzialmente fastidiosi, se non attesi.
Analogamente l'utilizzo di un tempo di salita eccessivamente lungo risulta negativo, agendo a scapito dell'efficacia della seduta, infatti in questo modo il muscolo inizia ad affaticarsi prima che inizi la fase di contrazione vera e propria.
Più basso è questo valore più rapido è il reclutamento muscolare, ma più difficile è il controllo della stimolazione da parte dell'atleta.
Per contro un tempo di salita eccessivamente lungo comporta un eccessivo affaticamento muscolare dal momento che anche la fase di "salita" della contrazione andrebbe ad aggiungersi alla fase di contrazione vera e propria anticipando l'insorgenza della fatica.

Tempo di contrazione

La durata di ciascuna contrazione rappresenta il tempo in cui il muscolo mantiene la massima tensione raggiunta, quindi è la fase in cui le fibre muscolari svolgono l'azione di trazione.

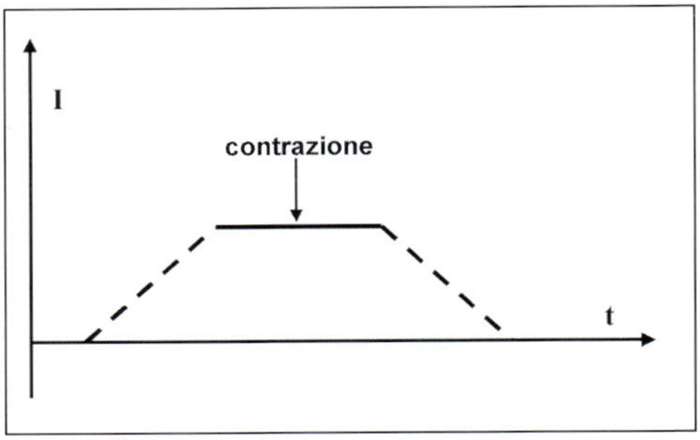

Figura 5: tempo di contrazione

In queste condizioni il muscolo consuma un'elevata quantità di energia, dal momento che la contrazione una volta raggiunto il suo valore massimo viene mantenuta per quel tempo che si è deciso in fase di programmazione.
La durata di questa fase rappresenta un aspetto molto delicato della programmazione della seduta di stimolazione, infatti se si supera la capacità massima di resistenza delle fibre muscolari impegnate nella contrazione si può incorrere in crampi e contratture, anche di grave entità.
La durata della fase di lavoro non ha un valore fisso e standardizzato, ma deve essere considerata in funzione princi-

Frequenza	Tipo di fibra	Caratteristiche	Tempo di stimolazione
35Hz	I	Lente	8″
55Hz	IIA	Intermedie	6″ - 8″
85Hz	IIA/IIB	Intermedie/veloci	4″
100Hz	IIB	Veloci	3″ - 4″

Figura 6: nella tabella vengono considerate alcune frequenze di stimolazione riferite alle fibre di tipo I IIA e IIB ed i rispettivi tempi di contrazione.

palmente delle fibre che si vogliono stimolare e quindi allenare; è ovviamente molto diverso mantenere in contrazione per 4" delle fibre "lente di tipo I" o delle fibre "veloci di tipo II B" dal momento che queste due categorie di fibre possiedono doti di resistenza e di forza semplicemente antitetiche.
La durata della fase di contrazione deve essere decisa in funzione delle qualità muscolari che si vogliono allenare.
Per considerare dei valori di riferimento si analizzi quanto riportato in figura 6.

Tempo di discesa

Questo parametro influisce abbastanza poco sulla qualità della stimolazione anche se, analogamente al "tempo di salita" non deve essere né eccessivamente lungo né eccessivamente breve al fine di evitare un incremento dell'affaticamento muscolare e di mantenere alto il livello di comfort della stimolazione. Se si utilizza un "tempo di discesa" troppo breve l'atleta non ha il tempo necessario ad assecondare il calo della

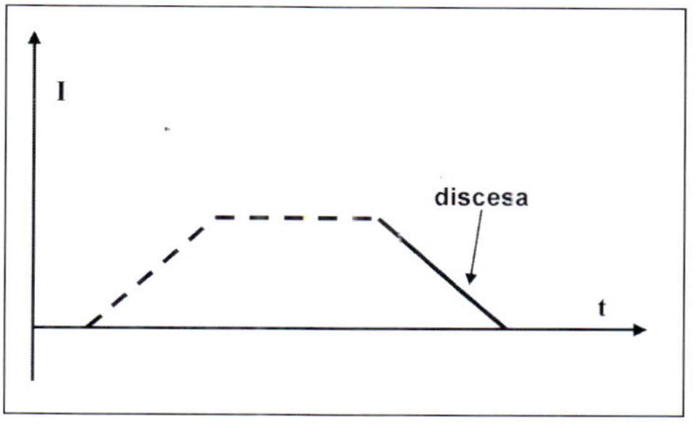

Figura 7: tempo di discesa

tensione muscolare indotta dalla stimolazione, con una spiacevole sensazione di calo improvviso di forza ed un'inutile sollecitazione a livello miotendineo. Un "tempo di discesa" eccessivamente lungo, invece, può influire negativamente sulla resistenza muscolare, già provata dopo la fase di lavoro, anticipando l'insorgenza della sensazione di affaticamento localizzato.

Frequenza	**Tipo di fibra**	**Caratteristiche**	**Tempo di riposo**
35Hz	I	Elevate	6"
55Hz	IIA	Intermedie	7"
85Hz	IIA/IIB	Intermedie/ridotte	25"
100Hz	IIB	Ridotte	30"

Figura 8: nella tabella vengono riportati, a titolo di esempio, le durate dei tempi di riposo in funzione dei tipi di fibra che si stanno allenando ed in funzione delle relative doti di resistenza.

Fase di riposo

Durante la contrazione il muscolo consuma sostanze energetiche e produce sostanze di rifiuto (cataboliti).
Queste sostanze di rifiuto devono essere smaltite, per non crearne accumulo durante le successive contrazioni muscolari e per favorire l'azione dei muscoli stessi.
Per questo motivo fra una contrazione e la successiva deve intercorrere un lasso di tempo sufficiente a smaltire, almeno in massima parte, le sostanze di rifiuto prodotte dal lavoro muscolare.
Per favorire lo smaltimento dei cataboliti, durante la fase di riposo, si può introdurre una stimolazione ad una frequenza molto bassa, compresa fra 1 Hz e 4 Hz; questa possibilità permette un più rapido ed efficace ricambio ematico e conseguentemente un miglior smaltimento delle sostanze di rifiuto ed un maggior apporto di substrati energetici.
Anche la durata del riposo è influenzata in maniera fondamentale dal tipo di metabolismo e dalle doti di resistenza delle fibre stimolate. Fibre "lente di tipo I" rispetto a fibre "veloci di tipo II B", possono da un lato sopportare tempi di lavoro più prolungati e dall'altro hanno bisogno di un riposo minore proprio per le loro elevate doti di resistenza.
Le fibre "veloci di tipo II B", invece, necessitano di un lungo periodo di riposo prima di poter ripetere una contrazione con le stesse caratteristiche della precedente e senza creare un importante accumulo di cataboliti.

Frequenza durante la contrazione

Durante la fase di lavoro la frequenza di stimolazione è il parametro che consente di selezionare abbastanza precisamente l'obiettivo della stimolazione.
Variando la frequenza si riesce a modificare il tipo di fibra che viene stimolata: è quindi possibile reclutare fibre diverse con caratteristiche istologiche e meccaniche differenti. In questo modo si possono allenare in maniera abbastanza specifica gruppi di fibre con caratteristiche precise, quindi aumentare per effetto della stimolazione e dell'allenamento le qualità che le contraddistinguono, ottenendo un effetto a livello generale sul muscolo stimolato. In sostanza modificare la frequenza di stimolazione consente di identificare in maniera abbastanza precisa quali sono le fibre che si vogliono stimolare e conseguentemente le qualità muscolari che devono essere allenate. Per ottenere una contrazione significativa il muscolo deve essere portato in contrazione e deve mantenere questa sua condizione per il tempo selezionato come "tempo di contrazione"; è possibile stimolare con frequenze comprese tra i 20 ed i 120 Hz, in funzione delle qualità muscolari da allenare.

Frequenza durante il riposo

Tra una contrazione e quella successiva è necessario che intercorra un breve lasso di tempo, tale da consentire un valido ricambio di sangue con apporto di sostanze energetiche e smaltimento delle sostanze di rifiuto generate dall'attività muscolare. Per migliorare l'efficacia del meccanismo fisiologico di smaltimento dei cataboliti si può introdurre, durante il tempo di riposo, una frequenza estremamente bassa che faccia muovere il muscolo come se venisse massaggiato dall'interno; questa scelta fa sì che proprio durante la fase di riposo vi sia un importante aumento dell'afflusso e del riflusso ematico a livello locale con un miglior recupero muscolare. Nella fase di recupero attivo si possono utilizzare frequenze comprese fra 1 Hz e 6 Hz, in modo da far muovere il muscolo in maniera piacevole ed assolutamente non stancante, dal momento che ci si deve ricordare che si è nella fase di riposo e non in quella di lavoro.

Chi necessita di lavorare con parametri personalizzati

Deve essere chiaro che la personalizzazione dei programmi di stimolazione non è utile a tutte le persone o a tutti gli atleti, infatti i parametri normalmente utilizzati si adattano perfettamente alla maggior parte degli utenti.

Siamo in grado di programmare?

Dopo aver analizzato il significato dei parametri elettrici comunemente modificabili sugli stimolatori programmabili, si è certamente in grado di conoscere come muoversi fra i menù di personalizzazione. Da questa conoscenza ad acquisire le capacità e l'esperienza di programmare e personalizzare dei protocolli di stimolazione, la strada è ancora lunga.
In primo luogo, infatti, è necessario acquisire la conoscenza di come le modifiche dei parametri di stimolazione comportino variazioni importanti sull'efficacia e sulla specificità di una stimolazione. Prima di aver acquisito questa esperienza è utile sfruttare i programmi preimpostati ed analizzarne i parametri. Per analizzare i protocolli di stimolazione, invece, è conveniente affidarsi ai consigli di un esperto che può certamente ottimizzare il lavoro, sfruttando appieno le potenzialità di questi nuovi stimolatori programmabili. Inoltre, con il supporto di un esperto, si

possono confezionare programmi certamente più precisi e completi di quanto si possa fare autonomamente e con poca esperienza nella programmazione.

Un'altra interpretazione della stimolazione

Programmare e personalizzare un programma di stimolazione non comporta necessariamente una modifica dei parametri elettrici consigliati.
Infatti è minima la parte di atleti che realmente necessita di una drastica modifica dei programmi standard per sfruttare al meglio le potenzialità di un allenamento con elettrostimolatore.
È invece fondamentale personalizzare i protocolli di allenamento utilizzati, dal momento che le richieste individuali sono specifiche, assolutamente personali e non generalizzabili.
La possibilità di programmare è utile per organizzare delle sedute di allenamento direttamente sullo stimolatore pur mantenendo i parametri elettrici dei programmi standard.
Questo è possibile impostando e memorizzando la sequenza dei programmi, organizzandoli in funzione delle necessità individuali, pianificando anche la durata dei vari programmi, calcolando con precisione anche la durata totale della seduta.
Operando questa scelta si riescono a confezionare delle sedute di allenamento personalizzate, quindi mirate al raggiungimento di obiettivi precisi pur utilizzando i parametri di stimolazione dei programmi standard.

tavole anatomiche e posizionamento degli elettrodi

Capitolo

14

QUADRICIPITE FEMORALE

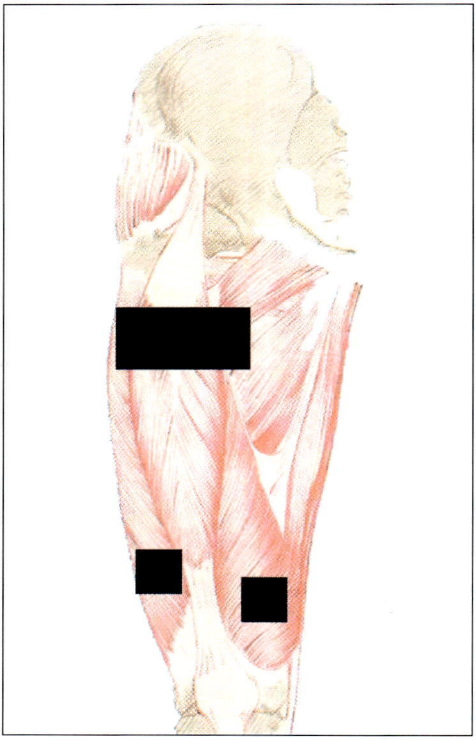

Il quadricipite è il principale muscolo deputato all'estensione della gamba sulla coscia, si sviluppa partendo dal bacino e dal femore, per arrivare con tutti i suoi capi sulla regione anteriore della tibia tramite un tendine comune.
Per mezzo della sua inserzione sul bacino permette anche l'elevazione della coscia sul tronco.
Tale muscolo facendo parte della catena estensoria degli arti inferiori svolge una funzione prettamente antigravitaria, permettendo di mantenere la stazione eretta. Grazie alla sua contrazione, il quadricipite, permette l'estensione della gamba con un notevole sviluppo di forza, di fondamentale importanza in tutte le discipline di corsa e di salto.

In quali casi è utile allenarlo

Data la sua principale funzione antigravitaria, è un muscolo di fondamentale importanza nell'ambito di tutte quelle discipline sportive in cui è essenziale spostare al massimo, o con la massima velocità, il baricentro del corpo verso l'alto quindi in cui vengono richieste delle espressioni di salto come nella pallavolo, pallacanestro, salto in alto e in lungo, calcio, rugby, sci alpino, sci di fondo, ginnastica artistica.
Non meno importante é l'azione di questo muscolo nelle attività di corsa nelle quali, in funzione del tipo di competizione, si sfruttano maggiormente le caratteristiche di esplosività, forza o resistenza del quadricipite stesso, unitamente all'azione di tutti i muscoli che intervengono sinergicamente.
La scelta del tipo di allenamento da svolgere e dei protocolli da usare sono dunque strettamente correlati alle discipline praticate, quindi anche la scelta delle frequenze di stimolazione utilizzate deve essere ragionata, in quest'ottica, relativamente a quanto detto nel capitolo dedicato.

Come posizionare gli elettrodi

Gli elettrodi sul quadricipite possono essere posizionati in alcuni modi differenti, in funzione di particolari obiettivi che si vogliono perseguire.
Si considera ora solo il tipo di posizionamento più semplice, estremamente valido e funzionale sotto tutti i punti di vista e che inoltre permette di evitare l'insorgenza di dubbi.

- **Elettrodo negativo:**
a livello del retto femorale sulla sua parte muscolare a livello prossimale, in maniera da coprire sia il retto femorale che il vasto mediale e laterale.

- **Elettrodo positivo:**
a livello del ventre muscolare del vasto mediale al centro della sua massa.

- **Elettrodo positivo:**
a livello del ventre muscolare del vasto laterale al centro della sua massa.

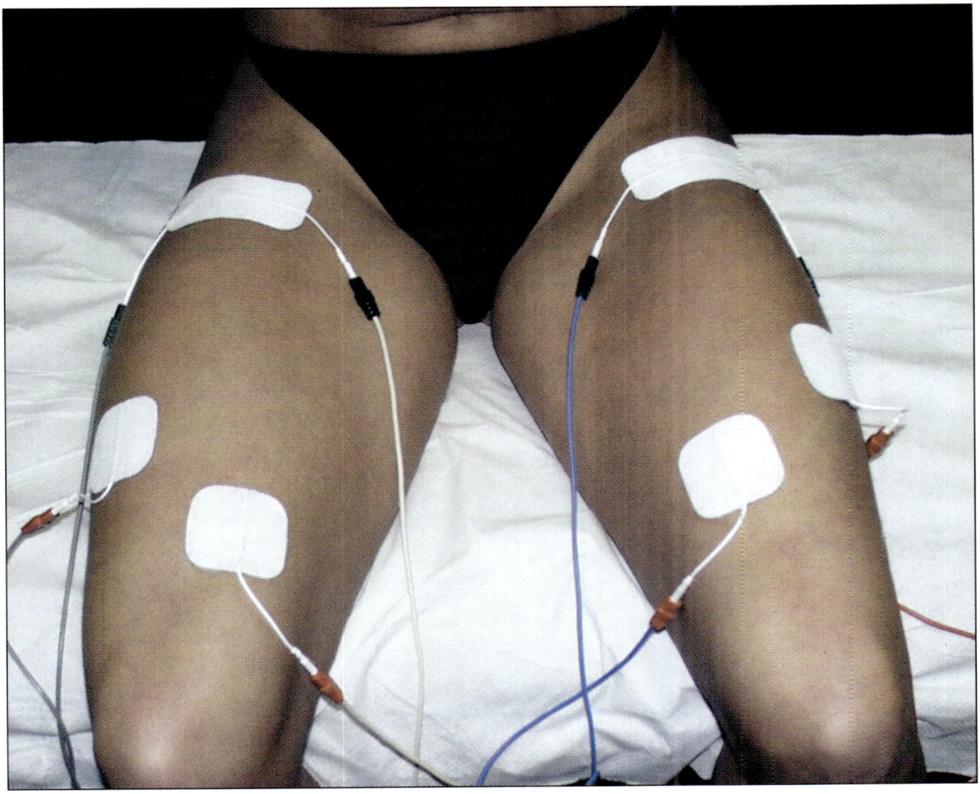

GASTROCNEMIO
polpaccio

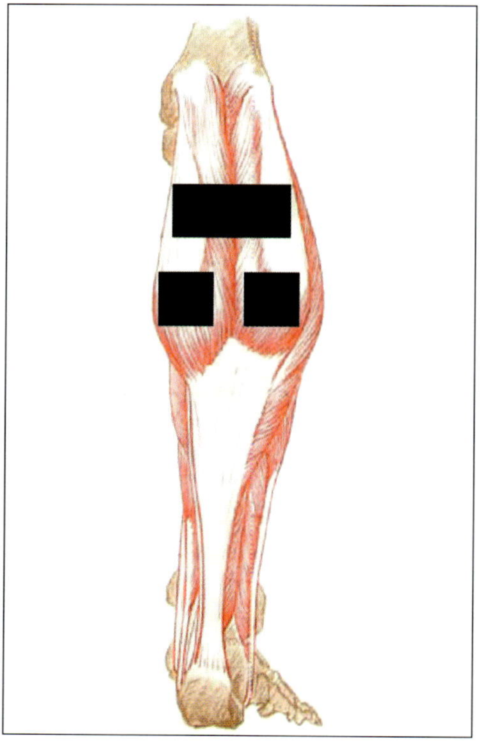

Analogamente a quanto detto per il quadricipite, la muscolatura estensoria della gamba svolge un'importante funzione antigravitaria e date le sue caratteristiche anatomiche, è particolarmente importante in tutte le espressioni di salto e di corsa.
Questo gruppo muscolare si origina a livello dei condili femorali con i due capi del tricipite surale e dall'epifisi prossimale della tibia con il soleo, convergendo nel tallone d'achille che si inserisce sul calcagno.
Facendo parte dell'apparato estensore degli arti inferiori, questo gruppo muscolare entra in gioco, con la sua azione sinergica, insieme a quadricipite e gluteo.
Dal momento che il polpaccio svolge un'azione analoga a quella del quadricipite – molto più voluminoso – si tende a sottovalutarne l'importanza meccanica nelle azioni dinamiche, e conseguentemente si riduce anche l'attenzione che gli si dedica in sede di allenamento.
Questo è un errore da non commettere, dal momento che i sinergismi che si riescono ad ottenere grazie all'intervento di più gruppi muscolari, correttamente coordinati, non rispecchiano la semplice somma algebrica delle singole qualità espresse, ma il prodotto, quindi la moltiplica, dei singoli interventi con un conseguente sfruttamento ottimale anche delle singole caratteristiche peculiari di tutti i muscoli interessati.

In quali casi è utile allenarlo

Nelle espressioni di potenza e di forza esplosiva come quelle richieste nella pallavolo, pallacanestro, così come in discipline dell'atletica leggera con richieste motorie analoghe.
Questo distretto muscolare risulta inoltre di importanza realmente basilare anche in tutte le discipline di corsa sia veloce che di fondo e mezzofondo in cui l'azione della caviglia riveste un ruolo basilare nell'esecuzione del gesto tecnico ottimale e più redditizio da un

punto di vista energetico.
Nello sci, sia alpino che di fondo, la muscolatura estensoria della gamba viene sfruttata moltissimo nella modulazione e gestione della forza oltre che in sinergia con gli altri muscoli della catena estensoria nella fase di spinta.
Non in ultimo è da prendere in considerazione l'azione di questo gruppo muscolare nel ciclismo, in cui viene sfruttata la sua azione sia statica che dinamica, con un impegno sia di notevole intensità che di lunga durata.

Come posizionare gli elettrodi

- **Elettrodo negativo:**

sotto il cavo popliteo, all'inizio della massa muscolare del gastrocnemio, in modo che l'elettrodo sia posizionato totalmente sulla massa muscolare. Importante evitare che l'elettrodo venga posto troppo vicino al cavo popliteo, in maniera da lasciare libertà di movimento al ginocchio.

- **Elettrodi positivi (due):**

devono essere posizionati distalmente, al centro dei due ventri muscolari che costituiscono il gastrocnemio.

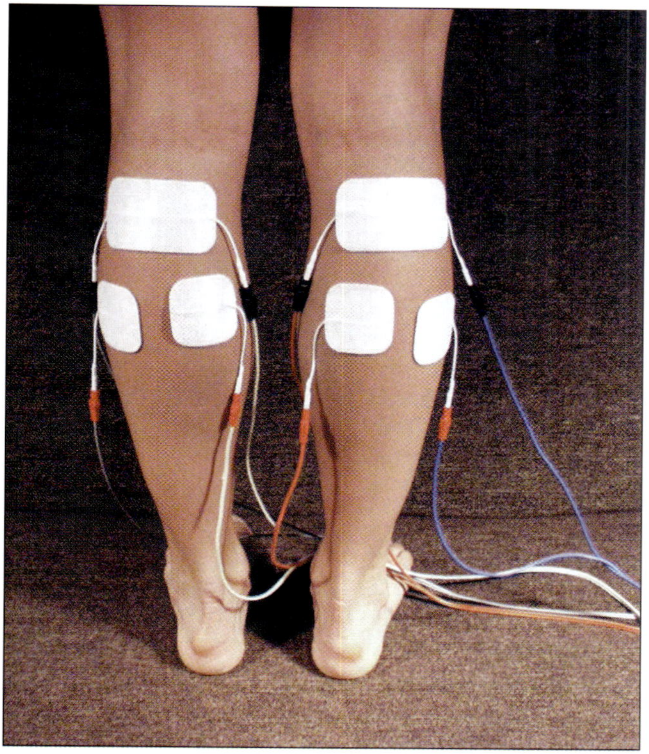

GRANDE GLUTEO

Possiamo considerarlo come il terzo e ultimo degli elementi fondamentali dell'apparato estensore degli arti inferiori.
Il grande gluteo, con la sua massa voluminosa determina la forma delle natiche, trae origine da un'ampia aponeurosi che si estende dalla cresta iliaca al sacro ed al coccige per poi inserirsi a livello della parte superiore della linea aspra del femore.
Il grande gluteo è il principale responsabile del mantenimento della stazione eretta in quanto estende ed abduce la coscia rispetto al busto.
Svolge quindi, unitamente al quadricipite ed alla muscolatura del polpaccio, un ruolo antigravitario importante contribuendo all'estensione degli arti inferiori; risulta quindi fondamentale ricordarsi anche del gluteo nell'allenamento finalizzato a corse e salti.

In quali casi è utile allenarlo

Svolgendo un'importante azione antigravitaria in sinergia con polpaccio e quadricipite ed estendendo la coscia sul busto si possono presumere ambiti applicativi del tutto analoghi a quelli considerati per i gruppi muscolari fino ad ora considerati.
Data la sua caratteristica posizione anatomica, il grande gluteo esplica appieno la sua funzione quando estende la coscia partendo da una posizione in cui l'angolo tra coscia e busto è particolarmente chiuso, in maniera da permettere un ottimale livello di allungamento delle fibre muscolari.
Utilissimo risulta essere l'allenamento

del gluteo in particolari discipline dello sci come il carving, date le particolari caratteristiche di questo tipo di sciata.
L'azione del gluteo, e di conseguenza il suo allenamento, risultano molto importante in tutte le discipline in cui è richiesto l'intervento degli arti inferiori, in particolare se il gesto tecnico necessita di esplosività e potenza. E' quindi utile allenarlo in atleti che praticano pallavolo, pallacanestro, calcio, sci, atletica leggera, pattinaggio e tutte le discipline sportive in cui l'azione degli arti inferiori riveste un ruolo fondamentale.

Come posizionare gli elettrodi

• Elettrodo negativo:
a livello del grande trocantere leggermente spostato verso l'alto e verso l'interno. È necessario porre attenzione nel posizionare il lato lungo dell'elettrodo perpendicolarmente al decorso delle fibre del grande gluteo.

•Elettrodo positivo:
perfettamente al centro della massa del gluteo, con il lato dell'elettrodo positivo parallelo a quello del negativo.

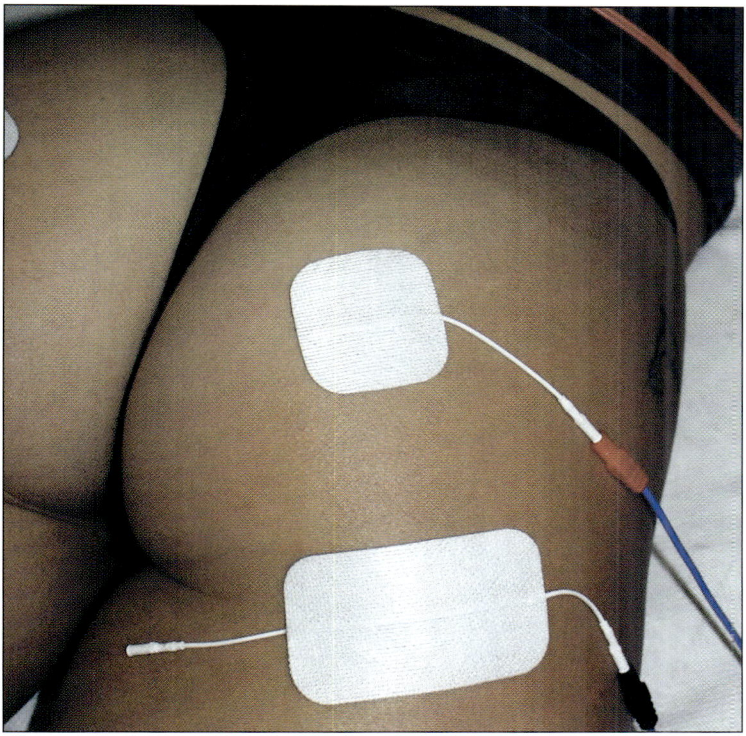

PICCOLO E MEDIO GLUTEO

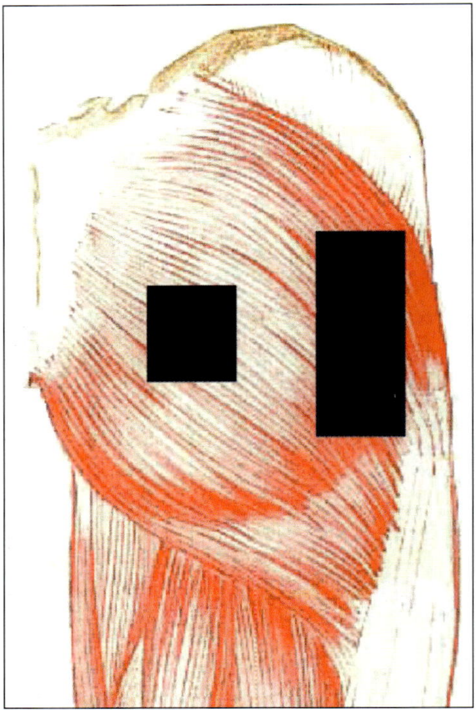

Anche il piccolo gluteo, in sinergia con gli altri muscoli della catena estensoria degli arti inferiori, partecipa al mantenimento della stazione eretta e, nello specifico, extraruota ed abduce la coscia.
Il piccolo e il medio gluteo sono posti profondamente rispetto al grande gluteo, si originano a livello della porzione supero-laterale dell'ileo per poi inserirsi sul grande trocantere del femore.

In quali casi è utile allenarlo

Da un punto di vista prettamente funzionale questo tipo di stimolazione ha una ridotta efficacia se non si associa anche la stimolazione del grande gluteo.
La stimolazione del piccolo e medio gluteo viene utilizzata prevalentemente con finalità estetiche.
In ambito sportivo l'allenamento selettivo di questo gruppo muscolare non comporta particolari vantaggi rispetto alla stimolazione del grande gluteo.

Come posizionare gli elettrodi

• Elettrodo negativo:
a livello del grande trocantere parallelamente alla rima interglutea e leggermente spostato verso l'interno.

• Elettrodo positivo:
perfettamente al centro della massa del gluteo, con il lato dell'elettrodo positivo parallelo al negativo.

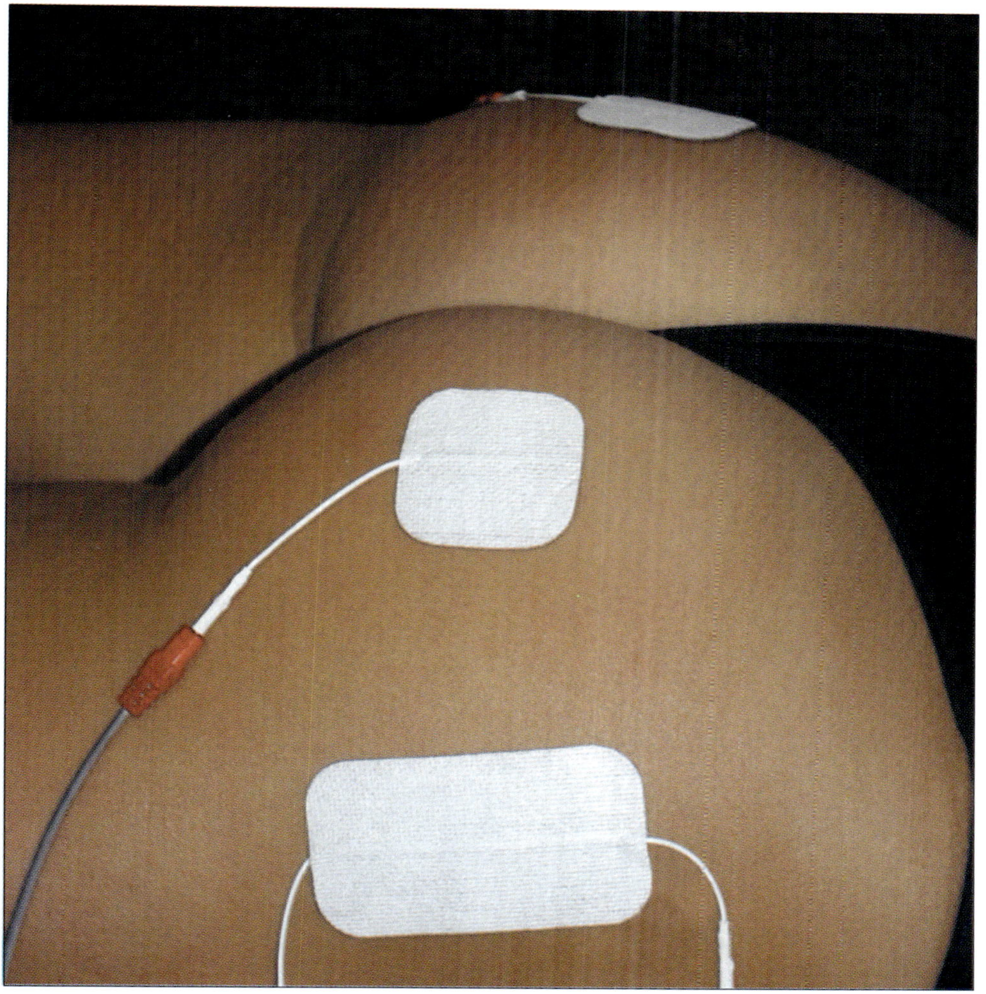

MUSCOLI ISCHIOCRURALI

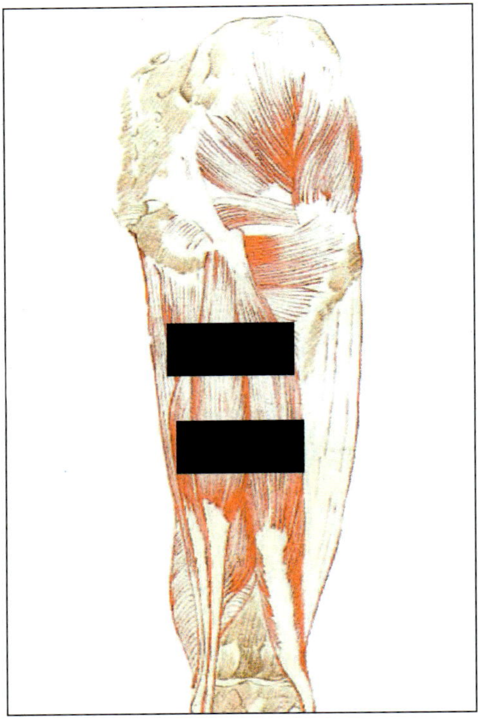

Posteriormente alla coscia si possono evidenziare sostanzialmente tre muscoli che svolgono un'azione flessoria della gamba sulla coscia: bicipite femorale, semitendinoso e semimembranoso.
Questi gruppi muscolari originano dall'ischio per inserirsi distalmente a livello del condilo mediale della tibia.
Limitatamente alla loro localizzazione anatomica, tutti i muscoli della loggia posteriore della coscia vengono raggruppati ed identificati come "ischiocrurali".
La principale funzione dinamica che questi muscoli svolgono è quella di flettere la gamba sulla coscia, ma intervengono limitatamente anche nell'estensione dell'arto inferiore sul busto, in sinergia con i glutei.
La muscolatura flessoria degli arti inferiori, oltre alle funzioni prettamente dinamiche appena analizzate svolge anche un'importante compito di controllo sull'articolazione del ginocchio, in antagonismo con il quadricipite femorale.
Un buon equilibrio tra la muscolatura flessoria ed estensoria degli arti inferiori, contribuisce in maniera rilevante alla prevenzione degli infortuni a carico del ginocchio.

In quali casi è utile allenarli

Si ritiene essere abbastanza raro avere la necessità di stimolare selettivamente la muscolatura ischiocrurale, dal momento che risulta difficilmente deficitaria di forza rispetto alla muscolatura estensoria.
In ogni caso può risultare utile stimolare anche la muscolatura flessoria della gamba con atleti che gareggino in di-

scipline come il calcio e lo sci, in particolare di fondo, oltre che in molte discipline dell'atletica in cui è fondamentale l'estensione della coscia sul busto al fine di migliorare l'espressione del gesto di gara.
Di grande utilità può risultare la stimolazione di questi gruppi muscolari in sport in cui il rischio di traumi al ginocchio, in particolare a carico del legamento crociato anteriore (LCA) è molto alto.

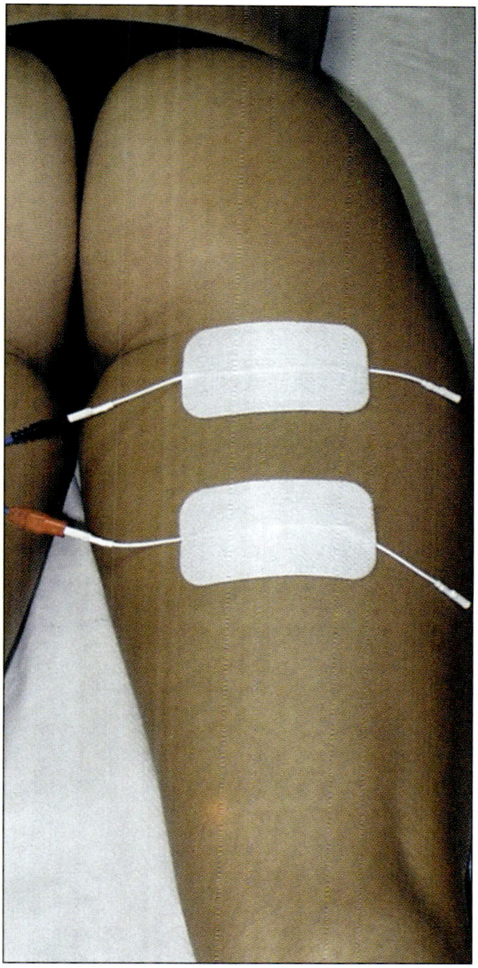

Nota
Quando si stimolano i flessori si deve sempre ricercare un ottimale equilibrio con la muscolatura estensoria, al fine di limitare eventuali scompensi che possono portare ad instabilità di ginocchio.

Come posizionare gli elettrodi

In questo caso è conveniente utilizzare soltanto due elettrodi grandi, considerata la particolare anatomia della regione posteriore della coscia.

- **Elettrodo negativo:**
al centro della coscia, appena sotto la rima glutea.

- **Elettrodo positivo:**
a livello del terzo distale, al centro del ventre della massa muscolare.

RETTO ADDOMINALE

Due elettrodi

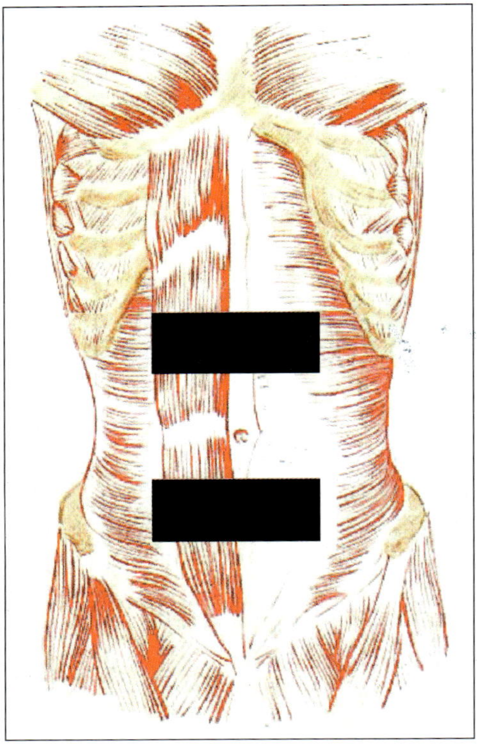

Il retto addominale è costituito da un lungo e spesso nastro muscolare interrotto da alcune strisce connettivali; trae origine dalle ultime coste e dal processo xifoideo per poi inserirsi sul pube.
Svolge un'azione di abbassamento delle coste nella sua funzione respiratoria, e flette in avanti la colonna nella sua funzione dinamica.
Il retto addominale, inoltre, in sinergia con il trasverso dell'addome e con gli obliqui svolge un'azione di stabilizzazione della colonna permettendo una perfetta solidità bacino-tronco.
Proprio per questa sua funzione di stabilizzazione, la muscolatura addominale assume un ruolo irrinunciabile nell'esecuzione di quasi tutti i gesti dinamici, importante ma con un'azione meno intensa nel mantenimento della postura.

In quali casi è utile allenarlo

Fra tutti i muscoli che possono essere allenati con l'elettrostimolazione, il retto addominale merita, senza dubbio la palma del vincitore.
Proprio per il suo fondamentale ruolo di stabilizzazione della colonna e del bacino, il suo intervento è di fondamentale importanza in tutte quelle discipline sportive in cui si deve svolgere un'azione di forza o di velocità a carico degli arti inferiori.
E' altrettanto vero che una buona tonicità, oltre ad un buon controllo della muscolatura addominale assume un ruolo fondamentale anche negli sport in cui si usano le braccia, dal momento che una buona base d'appoggio permette un'ottimale espressione di forza.
In sostanza in ogni situazione, in ogni disciplina sportiva risulta estremamente conveniente allenare selettivamente gli addominali, puntando sul miglioramento tanto delle doti di forza, quanto su quelle di resistenza alla forza.

Come posizionare gli elettrodi

Anche in questo caso è possibile utilizzare due elettrodi grandi, anche se come si vede più avanti esistono altre possibilità per posizionare gli elettrodi sul retto addominale.

- **Elettrodo negativo:**
all'altezza delle creste iliache, fra l'ombelico ed il pube, al centro del ventre, perpendicolarmente alla linea alba.

- **Elettrodo positivo:**
all'altezza dell'arcata costale, superiormente all'ombelico, in maniera che l'elettrodo rimanga completamente sull'addome e non si sovrapponga alle coste, per evitare che la stimolazione possa interessare anche i muscoli intercostali.

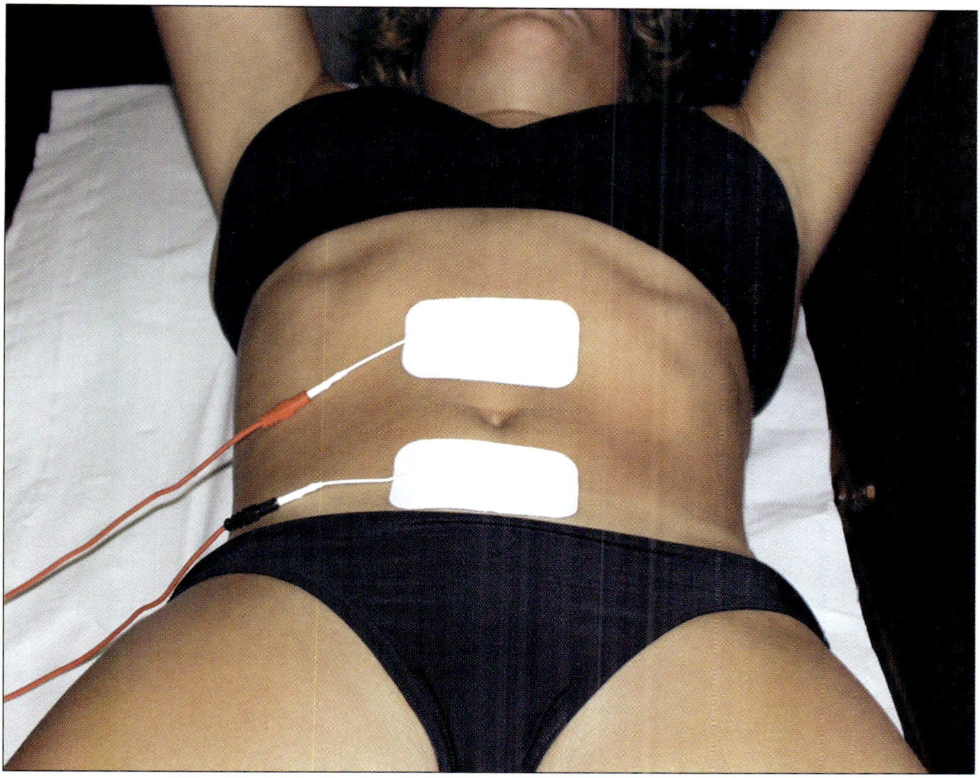

RETTO ADDOMINALE

Sei elettrodi

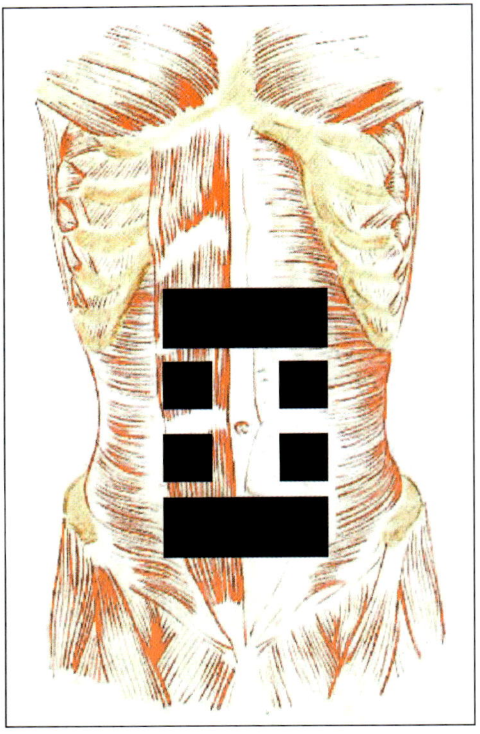

Per stimolare il retto addominale si possono utilizzare due elettrodi grandi, oppure due elettrodi grandi e quattro piccoli.

La scelta di utilizzare sei elettrodi consente di ottimizzare la localizzazione della stimolazione e di poter utilizzare un maggior numero di canali, quindi una maggior potenza di stimolazione.

Da un punto di vista funzionale la stimolare con due o sei elettrodi, non comporta differenze sostanziali, quindi ciascuno può scegliere il tipo di posizionamento che risulta più comodo ed efficace.

Come posizionare gli elettrodi

I due elettrodi grandi, entrambi negativi vengono posizionati analogamente al posizionamento con due soli elettrodi, ma più distanziati.

- **Elettrodo negativo (inferiore):**
all'altezza delle creste iliache, fra l'ombelico ed il pube, al centro del ventre, perpendicolarmente alla linea alba.

- **Elettrodo negativo (superiore):**
all'altezza dell'arcata costale, superiormente all'ombelico, in maniera che l'elettrodo rimanga completamente sull'addome e non si sovrapponga alle coste, per evitare che la stimolazione possa interessare anche i muscoli intercostali.

- **Elettrodi positivi:**
intorno all'ombelico, due superiormente nell'area compresa fra l'elettrodo negativo superiore e l'ombelico; due inferiormente fra l'elettrodo negativo inferiore e l'ombelico.

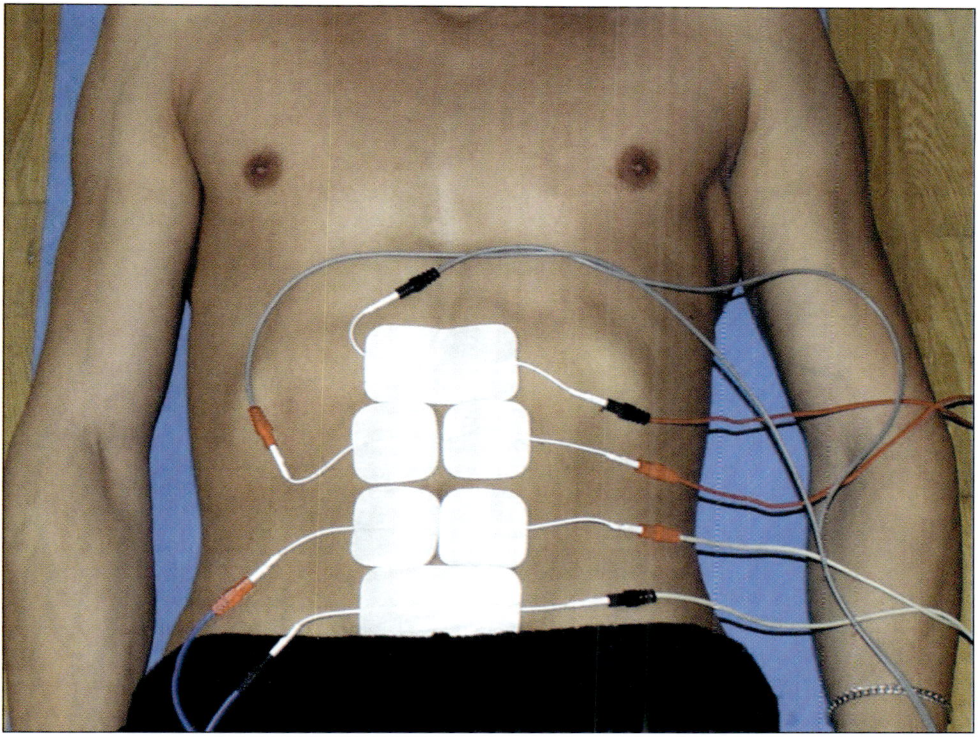

TRASVERSO ADDOMINALE

Due elettrodi

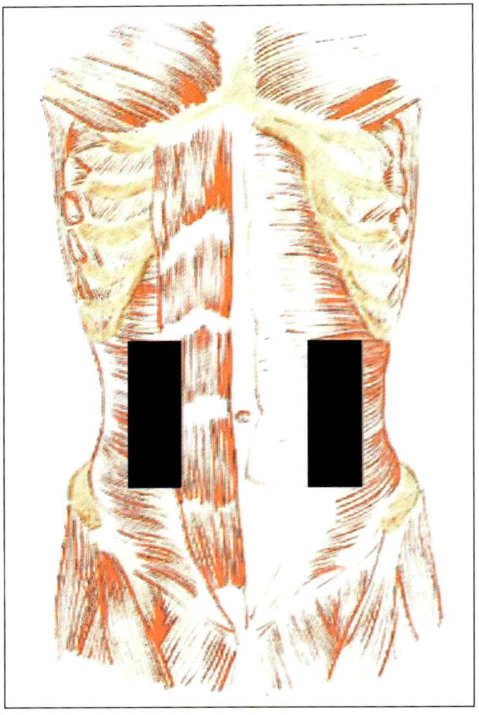

Origina lateralmente dalle ultime due coste, dall'aponevrosi lombosacrale e dalla cresta iliaca.
È rappresentato da un fascio trasversale rispetto al retto femorale, perpendicolare al retto addominale; partecipa, insieme all'obliquo interno, all'obliquo esterno e al retto stesso a costituire la parete addominale.
La principale funzione del trasverso è quella di contenimento dei visceri e di controllo della colonna. La sua funzione dinamica è, invece, estremamente limitata, a parte la fondamentale azione di stabilizzazione che questo gruppo muscolare svolge in abbinamento a movimenti eseguiti dagli altri tre muscoli.

In quali casi è utile allenarlo

Data la sua funzione di stabilizzazione della colonna, il suo ruolo è di notevole importanza nelle discipline sportive in cui si utilizzano sia gli arti inferiori che quelli superiori per prestazioni di forza.
Il potenziamento degli addominali, sia del retto che del trasverso, favorisce inoltre una valida protezione della colonna vertebrale.
Il trasverso, considerato il suo ruolo nel contenimento dei visceri, può essere stimolato con finalità estetiche.

Come posizionare gli elettrodi

Analogamente a quanto detto per i retto addominale, anche per stimolare il trasverso dell'addome si possono scegliere diverse opportunità per posizionare gli elettrodi.
Il posizionamento degli elettrodi più semplice è quello con due soli elettrodi grandi.

Nota:
Nella stimolazione del trasverso addominale non è importante che l'elettrodo posto a destra sia il positivo o il negativo, dal momento che si usano due elettrodi identici e che origine ed inserzione del muscolo da stimolare sono identiche ed invertibili.

- **Elettrodo negativo:**
lateralmente rispetto all'addome, al di sotto dell'arcata costale, in maniera che l'elettrodo non si sovrapponga al costato per non interessare con la stimolazione la muscolatura intercostale.

- **Elettrodo positivo:**
lateralmente rispetto all'addome, dalla parte opposta all'elettrodo negativo, sempre al di sotto dell'arcata costale.

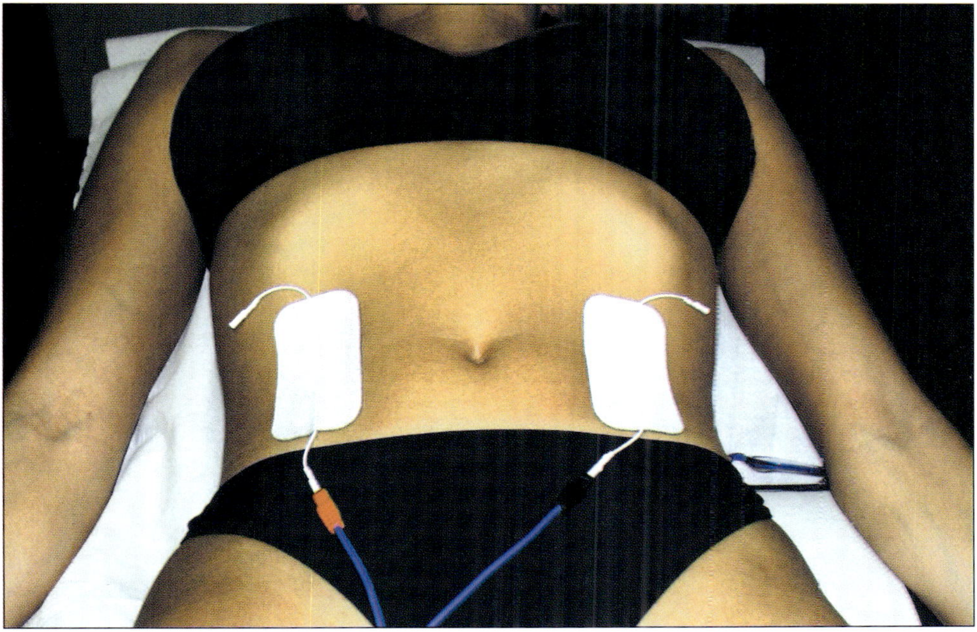

TRASVERSO ADDOMINALE

Sei elettrodi

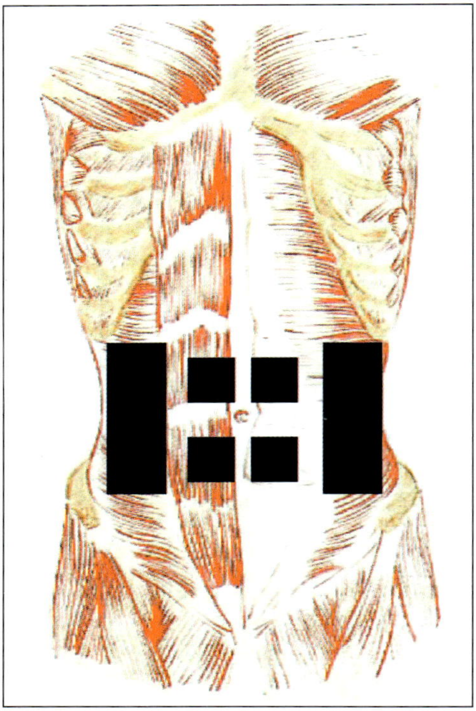

Analogamente al retto addominale, anche il muscolo trasverso dell'addome può essere stimolato efficacemente utilizzando solo due elettrodi grandi, o due elettrodi grandi e quattro elettrodi piccoli.
La possibilità di utilizzare due posizionamenti diversi per stimolare un solo gruppo muscolare consente una ottimale localizzazione dell'azione, oltre ad una valida personalizzazione della stimolazione in funzione di particolari necessità.
Capita, infatti, che non tutte le persone rispondano in modo identico alla stimolazione, anche se questa viene effettuata con le stesse modalità.
La possibilità di scegliere posizionamenti diversi , ma sempre efficaci, per un solo gruppo muscolare consente di operare la scelta che permette di ottenere i migliori risultati.

In quali casi è utile allenarlo

Questo tipo di posizionamento è consigliato prevalentemente quando si ricercano risultati estetici; in ambito funzionale, infatti, si tende ad utilizzare soltanto due elettrodi grandi, per comodità.
Si deve ricordare che il trasverso dell'addome a livello funzionale svolge un ruolo di stabilizzazione della colonna.
Da un punto di vista estetico svolge un'azione di contenimento dei visceri; una tonificazione di questo gruppo muscolare può favorire un miglior aspetto della zona dell'addome, pur non concorrendo in maniera diretta ad una diminuzione dell'eventuale massa grassa sottocutanea.

Come posizionare gli elettrodi

• Elettrodo negativo (destra):
deve essere posizionato verticalmente , in prossimità del punto in cui le coste assumono un andamento quasi parallelo alla cresta iliaca.
Si deve porre attenzione a non posizionare l'elettrodo sopra le coste stesse, per evitare che possano essere interessati dalla stimolazione anche i muscoli intercostali.

• Elettrodo negativo (sinistra):
anche nella parte controlaterale dell'addome l'elettrodo deve essere posto specularmente al precedente appena descritto, quindi fra le coste e le creste iliache.

• Elettrodi positivi:
i quattro elettrodi positivi devono essere posti in prossimità dell'ombelico parallelamente agli elettrodi negativi laterali.

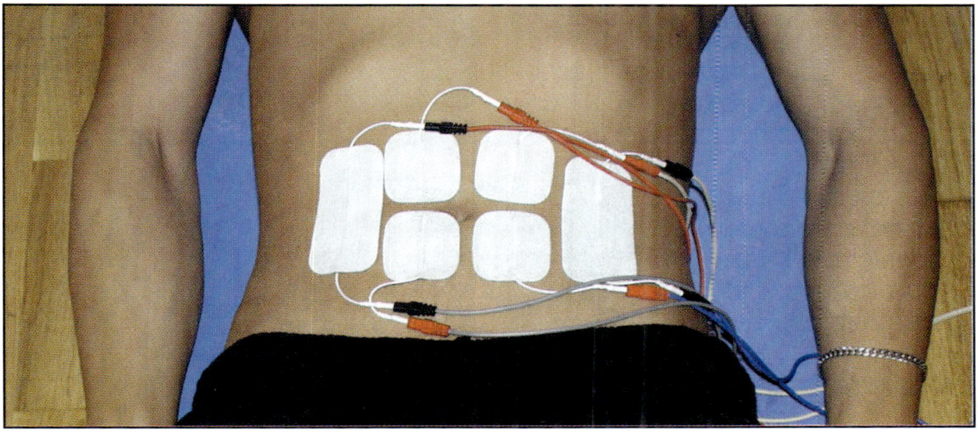

TRAPEZIO

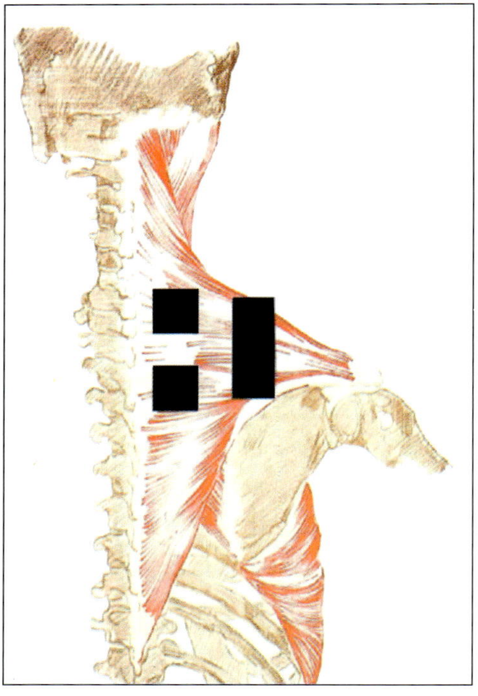

Il muscolo trapezio ha un'origine molto ampia; dalla base del capo a tutti i processi spinosi dalla prima vertebra cervicale, fino all'undicesima dorsale per inserirsi a livello del terzo laterale della clavicola e sulla spina della scapola.
Per l'andamento delle sue fibre viene diviso in tre fasci principali, con funzioni meccaniche differenti.
Il fascio superiore, quello che trae origine dalle prime vertebre cervicali, ha la funzione di elevare la scapola e di ruotarla leggermente verso l'esterno.
Il fascio medio, che origina dalle prime vertebre dorsali, presenta le fibre con un decorso praticamente orizzontale, ha prevalentemente un'azione di adduzione della scapola, avvicina la scapola stessa ai processi spinosi della colonna.
Il fascio inferiore abbassa la scapola e la fa ruotare verso l'interno.
Nel complesso svolge un'azione di stabilizzazione e di controllo della scapola, che assume un ruolo importante nelle discipline sportive in cui vengono utilizzate le braccia, sia in gesti di lancio, quanto per elevare il busto, come nell'arrampicata, in sinergismo con il gran dorsale.

In quali casi è utile allenarlo

Il trapezio, con tutti i suoi fasci svolge una funzione di stabilizzazione della scapola e, di conseguenza, di stabilizzazione dell'articolazione scapolo-omerale, oltre ad un'ampia gamma di sinergismi nei movimenti degli arti superiori.
Una stimolazione elettrica di questo muscolo deve essere certamente combinata con una stimolazione, o con un allenamento intensivo, anche dei gruppi muscolari che partecipano all'esecuzione del gesto tecnico specifico.
Può essere utile l'elettrostimolazione del trapezio in chi pratica arrampicata sportiva, tennis, pallavolo, nuoto.

Come posizionare gli elettrodi

Il trapezio è formato da tre fasci principali, che svolgono azioni dinamiche differenti; gli elettrodi, quindi, vanno posizionati adeguatamente in funzione di quale fascio si vuole allenare.
Consideriamo il posizionamento degli elettrodi per stimolare i fasci medi del trapezio.

• Elettrodo negativo:
l'elettrodo negativo "grande" deve essere posizionato a livello del terzo medio della scapola, con il lato lungo dell'elettrodo parallelo alla linea mediana della colonna.

• Elettrodi positivi:
due elettrodi positivi piccoli devono essere posti in prossimità della colonna, a circa un paio di centimetri dai processi spinosi, parallelamente a quello negativo come rappresentato in figura.
L'elettrodo positivo superiore va posizionato alla stessa altezza del negativo, mentre il positivo inferiore deve essere posto più in basso rispetto al negativo.
Questo accorgimento consente un allenamento completo della muscolatura, incrementando il numero di fibre reclutate dalla stimolazione.

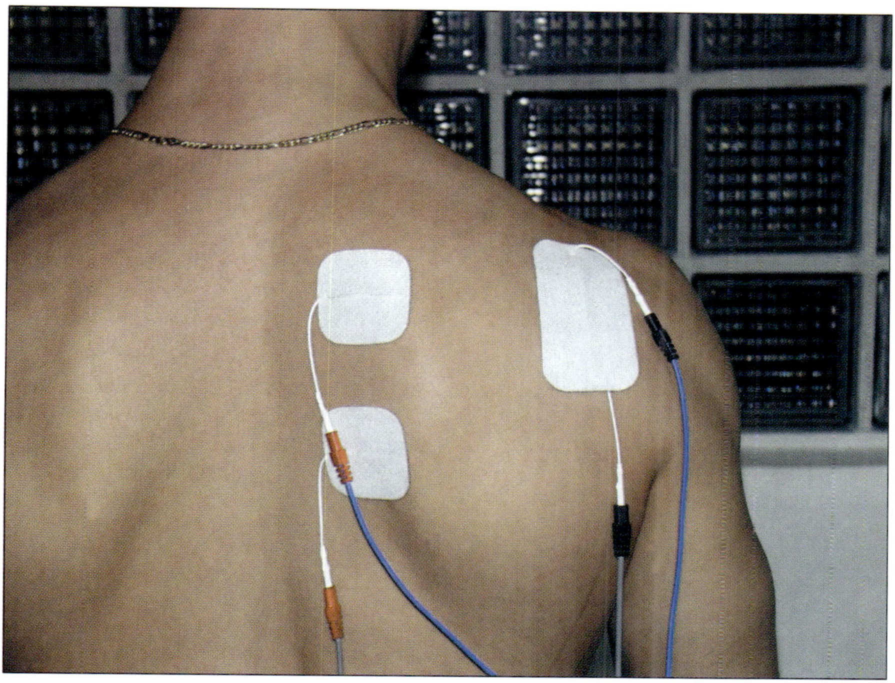

BICIPITE BRACHIALE

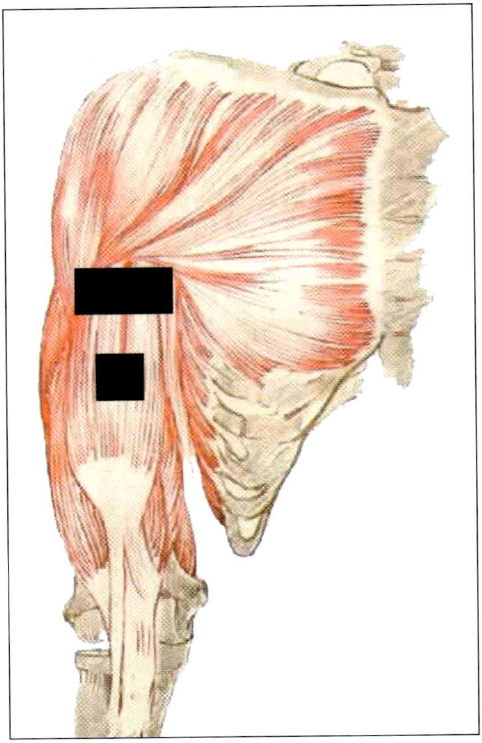

Il bicipite brachiale è costituito da un capo lungo, che trae origine dalla tuberosità sopraglenoidea della scapola e da un capo breve che trae origine dal processo coracoideo della scapola e dal solco bicipitale anteriore dell'omero per inserirsi a livello della tuberosità bicipitale del radio.

La principale funzione del bicipite brachiale è di flettere l'avambraccio sul braccio e svolge un'azione sinergica nell'elevazione del braccio.

Considerando di mantenere il braccio fisso, come nell'arrampicata, il bicipite, svolgendo sempre l'azione di flessione dell'avambraccio sul braccio, partecipa all'elevazione del tronco.

Nelle sue azioni agisce sinergicamente con il coracobrachiale e con il brachioradiale che svolgono le sue stesse funzioni e sono localizzati più in profondità.

In quali casi è utile allenarlo

La stimolazione di questo distretto muscolare è consigliata in prevalenza per chi pratica l'arrampicata sportiva, compatibilmente con le proprie caratteristiche fisiche, per chi pratica canottaggio, nuoto, tennis e tutte le discipline sportive in cui è necessario l'utilizzo degli arti superiori.

Come posizionare gli elettrodi

Il posizionamento degli elettrodi sul bicipite è molto semplice ed intuitivo, data la semplicità della struttura di questo muscolo che presenta un solo ventre muscolare; per stimolare il bicipite brachiale si possono utilizzare due soli elettrodi, uno grande ed uno piccolo, come rappresentato nelle immagini.
È però possibile utilizzare anche due elettrodi quadrati piccoli, in particolare se si devono stimolare muscoli di piccole dimensioni.

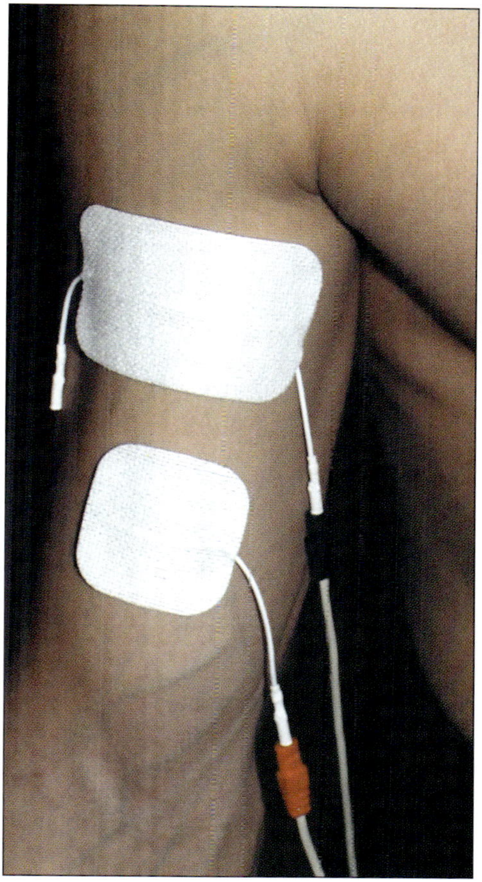

- **Elettrodo negativo:**
l'elettrodo negativo si deve posizionare appena prima che il bicipite sia protetto dal deltoide, quindi circa all'altezza dell'ascella.

- **Elettrodo positivo:**
l'elettrodo positivo deve essere posizionato a livello del ventre muscolare del bicipite stesso.
Per rilevare il ventre muscolare, che è la zona in cui il muscolo risulta più gonfio è sufficiente contrarlo volontariamente e rilevare il punto in cui le dimensioni risultano maggiori.

TRICIPITE BRACHIALE

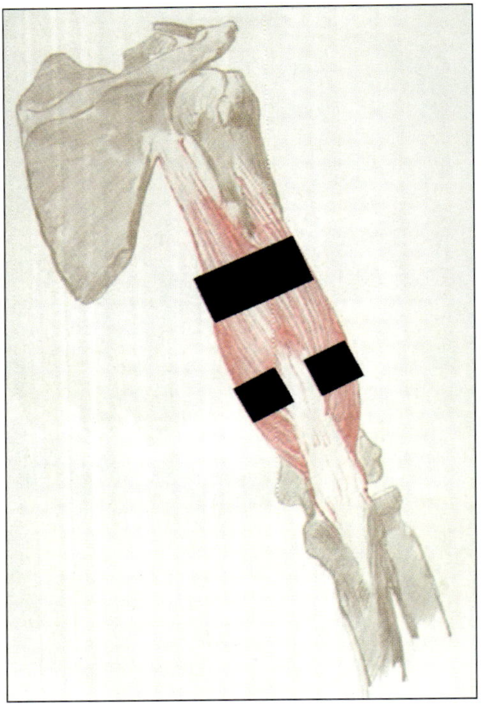

Origina con tre tendini dal margine sottoglenoideo della scapola e dalla faccia supero-posteriore dell'omero, per poi inserirsi con un robusto tendine sull'olecrano dell'ulna.
Principalmente il tricipite estende l'avambraccio sul braccio.
In questa sua azione, agisce in antagonismo con il bicipite brachiale.

In quali casi è utile allenarlo

È utile allenare, ed in particolare stimolare elettricamente il tricipite, per incrementare le qualità di lancio o di spinta a carico degli arti superiori.
Le discipline sportive in cui è utile allenare selettivamente il tricipite brachiale sono la pallavolo, lo sci di fondo ed in tutte le discipline in cui sia necessario lanciare un oggetto.
Anche la valenza estetica dell'elettrostimolazione del tricipite è molto apprezzata, tenendo sempre presente che quando si considerano le potenzialità applicative dell'elettrostimolazione in ambito estetico si deve ricercare di migliorare il tono ed il trofismo muscolare.

Come posizionare gli elettrodi

Posizionare gli elettrodi sul tricipite brachiale non è complesso ma richiede pratica dal momento che facilmente si possono riscontrare su persone diverse muscoli con caratteristiche identiche.
È importante quindi comprendere come debbano essere posizionati gli elettrodi, in funzione della persona che ci si trova di fronte.

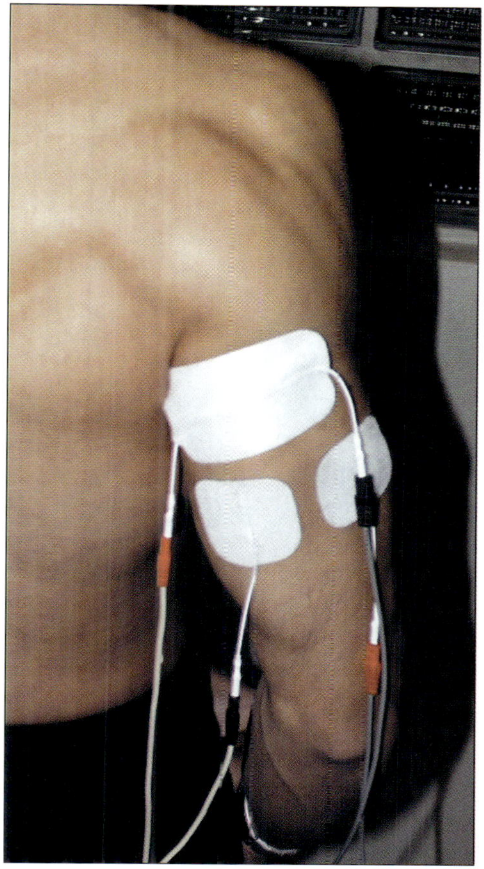

- **Elettrodo negativo:**

l'elettrodo negativo deve essere posizionato sulla faccia posteriore del braccio, all'altezza del cavo ascellare, appena il tricipite risulta rilevabile, quindi subito sotto il margine inferiore del deltoide posteriore.

- **Elettrodi positivi:**

dal momento che il tricipite brachiale è costituito da due ventri muscolari si rende necessario posizionare un elettrodo positivo per ogni ventre muscolare che si vuole stimolare.
Per posizionare correttamente gli elettrodi positivi si deve riuscire a rilevare correttamente i ventri muscolari richiedendo una contrazione muscolare volontaria.

GRANDE PETTORALE

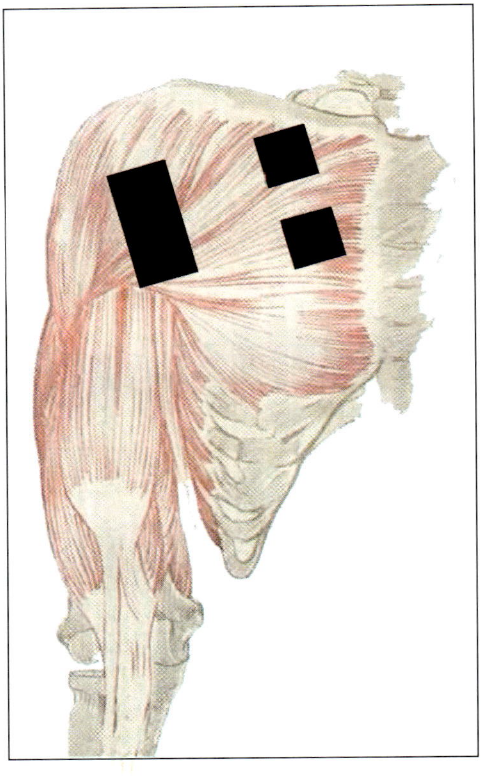

Il grande pettorale trae origine dai due terzi medi della clavicola, dallo sterno e dalle cartilagini costali; le fibre muscolari che lo costituiscono si riuniscono, formando un tendine appiattito che si inserisce a livello del labbro laterale del solco bicipitale dell'omero.
Le funzioni principali di questo muscolo devono essere considerate mantenendo fisso il busto, in questa condizione il gran pettorale interviene nell'adduzione e nella rotazione interna del braccio. Mantenendo fisso il braccio il pettorale svolge un'azione di sinergismo nell'elevazione del tronco, oltre a concorrere alla funzione di inspirazione profonda.

In quali casi è utile allenarlo

Il gran pettorale svolge un ruolo importante nella pratica di tutti gli sport di lancio tipici dell'atletica, ed interviene nell'azione di gioco della pallavolo e del tennis, oltre che partecipare alla stabilizzazione dinamica della spalla.
L'intervento di questo muscolo, non è da trascurare anche nel climbing, nel nuoto e nella pratica del wind surf; considerate le molteplici funzioni di questo gruppo muscolare, si può certamente affermare che può essere allenato, con effetti benefici per migliorare la performance sportiva di tutte le discipline che richiedono l'intervento degli arti superiori.

Come posizionare gli elettrodi

Il posizionamento degli elettrodi che si prende in considerazione è studiato in funzione del raggiungimento dei migliori effetti meccanici e dinamici del pettorale, quindi con l'obiettivo di incrementare al massimo la funzionalità di questo muscolo nell'esecuzione dei movimenti.

- **Elettrodo negativo:**

l'elettrodo negativo, rettangolare, deve essere posizionato prossimalmente rispetto al cavo ascellare, precisamente appena prima che il pettorale passi sotto al deltoide anteriore per inserirsi sull'omero.

- **Elettrodi positivi:**

entrambi gli elettrodi positivi devono essere posti al centro della massa muscolare del gran pettorale che occupa una grande superficie.
L'elettrodo inferiore va posto appena sopra il capezzolo e leggermente spostato verso lo sterno.
L'elettrodo superiore risulta come il prolungamento dell'elettrodo positivo inferiore e, conseguentemente, deve essere posizionato più in alto e più vicino allo sterno come si deduce dalle immagini.

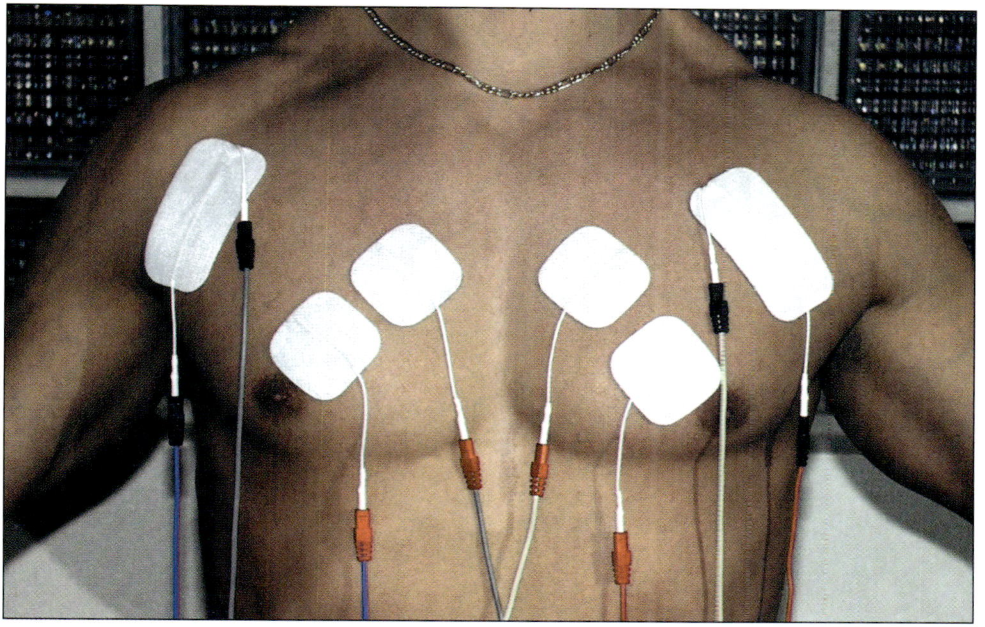

DELTOIDE

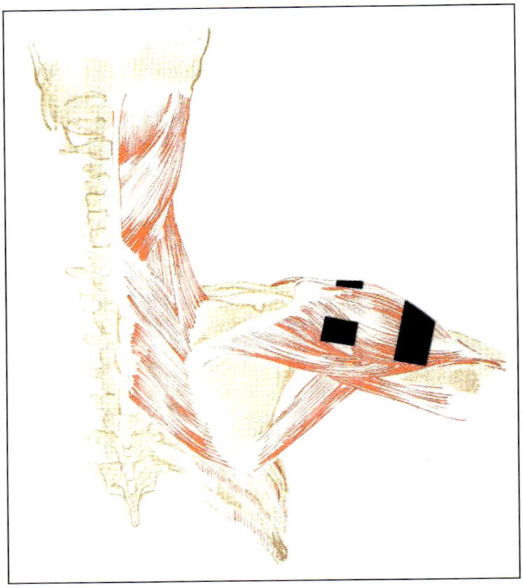

Il deltoide determina il profilo superiore della spalla, ed è costituito da tre fasci, uno anteriore, uno mediale ed uno posteriore.
Il fascio anteriore trae origine dal terzo laterale della clavicola, il fascio medio origina dal bordo esterno dell'acromion, mentre il fascio posteriore dalla parte inferiore del margine posteriore della spina della scapola.
Tutti i tre fasci che costituiscono il deltoide si riuniscono per inserirsi sulla faccia esterna dell'omero
A causa dell'orientamento differente delle fibre dei tre fasci del deltoide anche la loro funzione risulta diversa.
- Il fascio anteriore antepone e ruota internamente il braccio.
- Il fascio medio abduce, quindi eleva, il braccio lateralmente.
- Il fascio posteriore retropone il braccio estendendolo.

Tutto il deltoide svolge in ogni movimento degli arti superiori una funzione di controllo e di stabilizzazione della spalla in sinergismo con la muscolatura profonda specificamente deputata a questo scopo.

In quali casi è utile allenarlo

Considerando l'azione di stabilizzazione del deltoide in tutti i movimenti degli arti superiori, è consigliabile mantenere questo muscolo in allenamento quando si vogliano praticare attività intense a carico degli arti superiori.
Nella pratica di sport di lancio, il deltoide interviene sia con funzione di stabilizzazione dell'articolazione della spalla, sia con un'azione sinergica vantaggiosa per la pratica sportiva.
È quindi conveniente allenare il deltoide per la pratica della pallavolo, pallacanestro, nuoto, sci, carving, tutti gli sport di lancio, canottaggio, climbing.

Come posizionare gli elettrodi

Per un corretto posizionamento degli elettrodi sul deltoide si deve tenere in considerazione la sua conformazione in tre fasci; per stimolare tutto il muscolo è conveniente utilizzare un elettrodo negativo rettangolare e due elettrodi positivi quadrati posti sul fascio anteriore e posteriore.
Non è conveniente posizionare elettrodi sopra alla spalla, quindi sopra l'acromion, per evitare fastidiose sensazioni di compressione dell'articolazione della spalla durante la stimolazione.

Elettrodo negativo:
l'elettrodo negativo deve essere posizionato sull'omero appena al di sopra dell'inserzione del deltoide sull'omero stesso; si riconosce il punto corretto perché si nota che il muscolo tende a ridurre la sua larghezza.

Elettrodo negativo "anteriore":
l'elettrodo negativo "anteriore" deve essere posto anteriormente rispetto alla spalla sul ventre del fascio anteriore.

Elettrodo negativo "posteriore":
l'elettrodo negativo "posteriore" deve essere posto posteriormente rispetto alla spalla sul ventre del fascio posteriore.

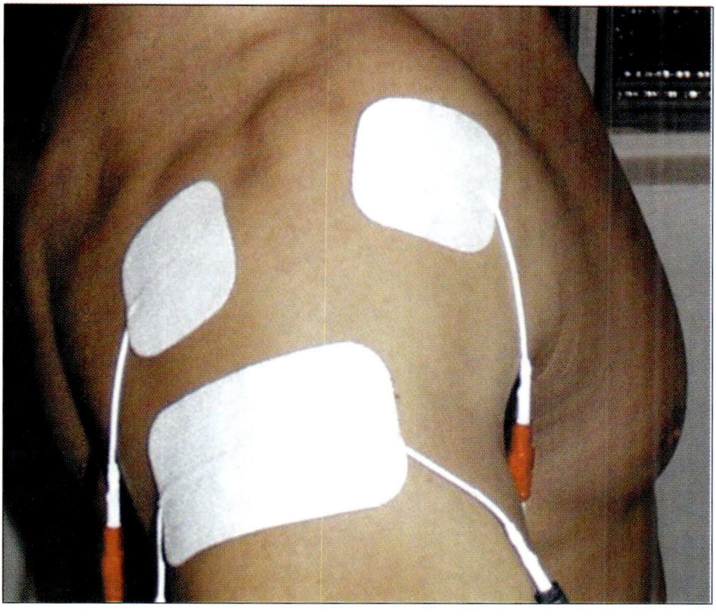

GRAN DORSALE

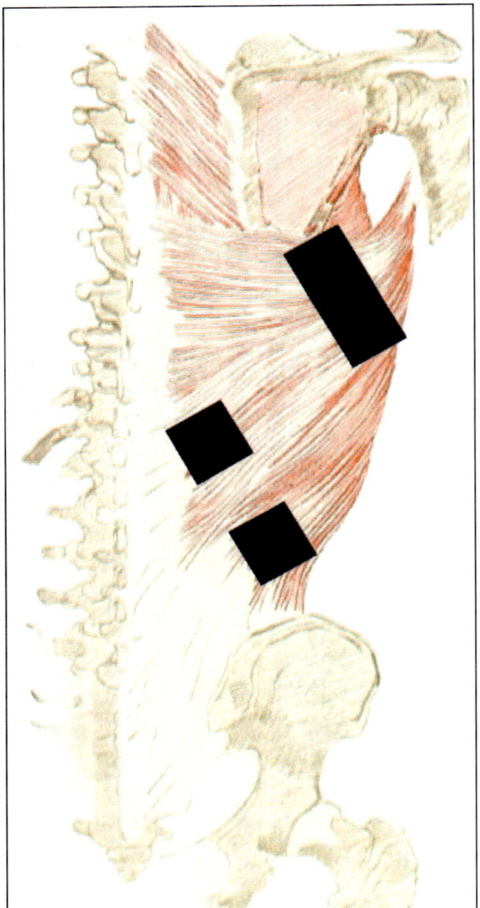

Il gran dorsale trae origine dai processi spinosi delle vertebre fra la quinta lombare e la sesta dorsale, dalla cresta sacrale, dal terzo posteriore della cresta iliaca, dalle coste fra la nona e la dodicesima, per poi inserirsi al labbro mediale del solco bicipitale dell'omero.
Anche per l'analisi delle funzioni del gran dorsale si deve in primo luogo considerare se si mantiene fissa l'origine o l'inserzione.
Mantenendo fissa l'origine, il gran dorsale ruota internamente, retropone e adduce il braccio.
Se si mantiene fissa l'inserzione omerale questo muscolo estende la colonna lombo-dorsale e svolge la funzione di elevazione del tronco.

In quali casi è utile allenarlo

Il gran dorsale partecipa alle azioni di lancio tipiche dell'atletica leggera ed è conveniente allenarlo anche per i nuotatori ed i pallavolisti.
Chi pratica arrampicata sportiva utilizza moltissimo il gran dorsale sfruttandone la funzione di elevazione del tronco.
L'allenamento di questo grande gruppo muscolare, quindi, deve essere preso in considerazione da chiunque utilizzi, nell'esecuzione del gesto di gara, gli arti superiori.

Come posizionare gli elettrodi

Per stimolare correttamente il gran dorsale gli elettrodi devono essere posti in maniera da riuscire a reclutare una buona porzione delle fibre muscolari.
Per ottenere questo si utilizza un elettrodo "negativo" rettangolare e due elettrodi "positivi" quadrati

Elettrodo negativo:
posto appena sotto il cavo ascellare; il margine superiore dell'elettrodo deve sfiorare il margine laterale della scapola

Elettrodi positivo:
entrambi devono essere posizionati, uno superiormente all'altro a livello delle ultime vertebre dorsali e delle prime lombari, lateralmente rispetto alla muscolatura paravertebrale.

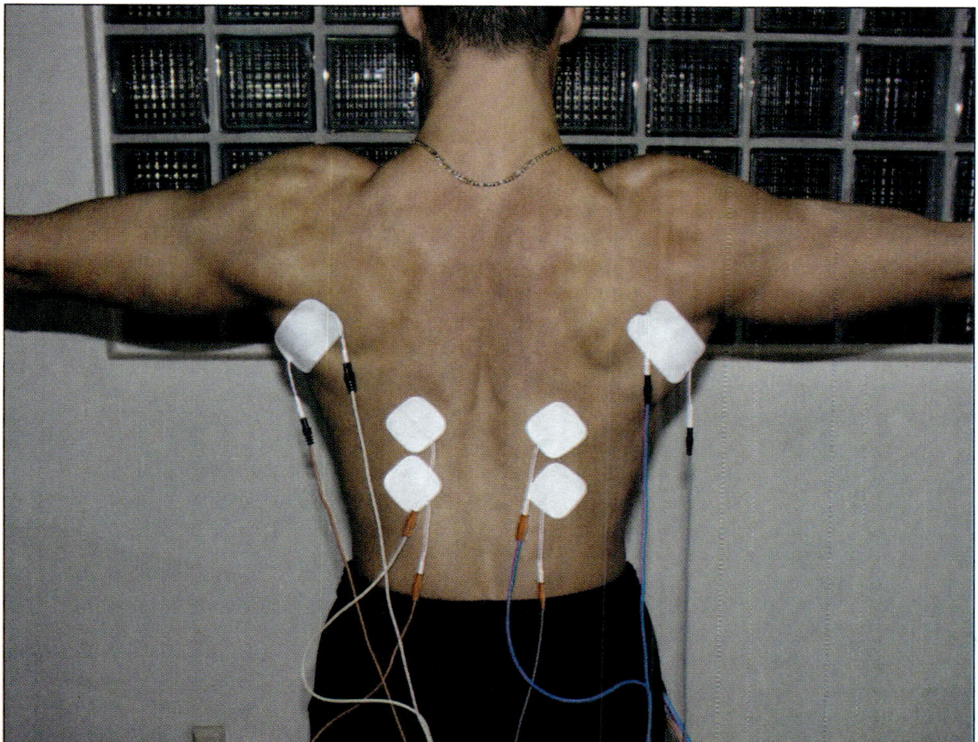

ADDUTTORI

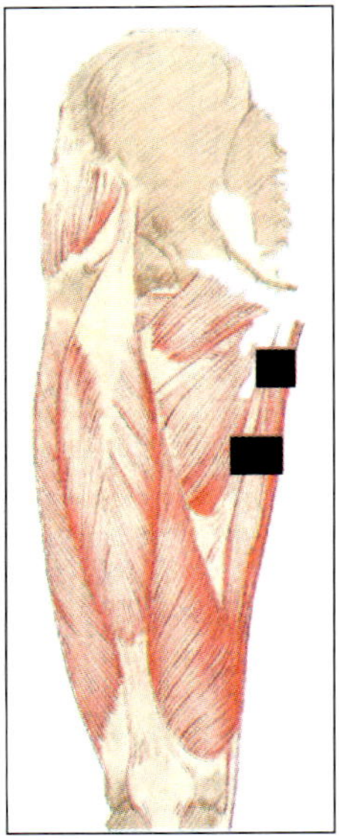

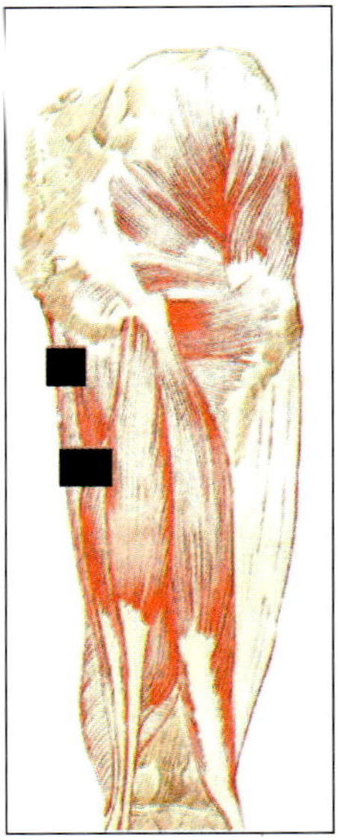

Il gruppo degli adduttori è costituito da quattro muscoli fondamentali, che svolgono funzioni analoghe e sinergiche. Questi quattro muscoli sono l'adduttore lungo, l'adduttore breve, il grande adduttore ed il pettineo; tutti hanno un'origine pubica ed una inserzione sulla linea aspra del femore, anche se a livelli differenti. L'azione principale di questi gruppi muscolari è l'adduzione delle gambe, quindi l'avvicinamento reciproco degli arti inferiori

In quali casi è utile allenarlo

Il gruppo degli adduttori svolge un'importante azione sinergica in tutti i movimenti di flesso-estensione della coscia, in particolare riveste un ruolo importante nella pratica della danza, della ginnastica ritmica ed artistica.
La funzione prettamente adduttoria di questi muscoli viene ampiamente sfruttata nella pratica dell'equitazione, tanto a livello amatoriale che agonistico.
Parlando della muscolatura adduttoria non si può certamente dimenticarne la valenza estetica; l'insieme di questi muscoli, infatti, determina il profilo interno della coscia.

Come posizionare gli elettrodi

•Elettrodo positivo:
va posto appena sotto l'origine pubica degli adduttori, al centro della faccia interna della coscia.

•Elettrodo negativo:
va posto circa ad un terzo della lunghezza della coscia, misurando dall'origine pubica degli adduttori

Al fine di permettere una stimolazione efficace e gradevole è conveniente utilizzare fra le gambe una pallina di gomma, come rappresentato nell'immagine o un cuscino. Grazie a questo accorgimento si riesce ad ottenere il massimo comfort durante la stimolazione, ed una resa ottimale dell'allenamento.

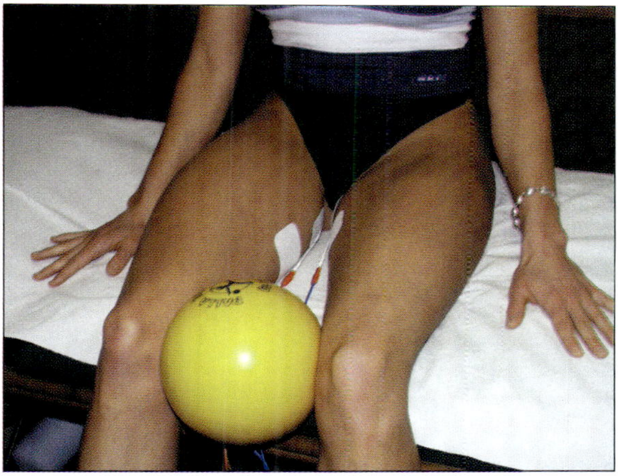

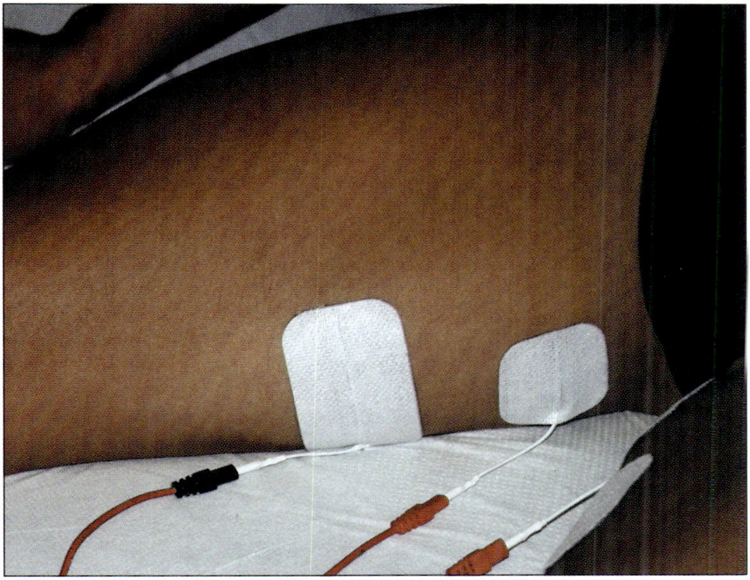

Bibliografia

Bibliografia

Alfieri V.	La stimolazione elettrica terapeutica nel trattamento di neurolesioni centrali, dolore, scoliosi	Ghedini editore 1990
Arcelli E.	Che cos'è l'allenamento	Sperling e Kupfer 1990
Ardle M.C., Katch, Katch	Fisiologia applicata allo sport	C.E. Ambrosiana 1998
Bellotti P. Matteucci E.	Allenamento sportivo	Utet 1999
Bosco C.	La forza muscolare	Società Stampa Sportiva 1997
Bosco C. Viru A.	Biologia dell'allenamento	Società Stampa Sportiva 1996
Calligaris A.	Le scienze dell'allenamento	Società Stampa Sportiva 1997
Castano P. ed altri	Anatomia Umana	Edi ermes 1992
Cavagna G.A.	Muscoli e locomozione	Cortina
Cerretelli P.	Manuale di fisiologia dello sport e del lavoro muscolare	Seu 1985
Cerretelli P. Di Prampero P.E	Sport ambiente e limite umano	Mondadori 1985
Cometti G.	Metodi moderni di potenziamento muscolare	Calzetti Mariucci 1998
Cometti G.	Nuovi metodi di potenziamento muscolare nello sportivo	Ibis s.r.l. 1999
Cossu M.	Elettroterapia: basi fisiologiche ed applicazioni cliniche	Ghedini editore, 1991
Fasoli R.	L'elettrostimolazione dalla A alla Z	Il nuovo calcio 1994
Fox Bowers Foss	Le basi fisiologiche dell'educazione fisica e dello sport	Il pensiero scientifico editore 1995
Ganong W.F.	Fisiologia medica	Piccin 1985

Harre D.	Teoria dell'allenamento	Società stampa sportiva 1980
Hatfield F.C.	Body building, un approccio scientifico	Edizioni Leonardo
Kitchen S., Bazion S.	Claiton's electroterapy	W.B. Saunders compamy ltd 1996
Kotz JM., Hvilon VA.	The training of muscular power by method of electrical stimulation	State Central Institute of Phisical Culture Moscow 1975
Kubiak RJ., Whitman KM., Johnston RM.	Changes in quadriceps femoris muscle strength using isometric exercise versus electrical stimulation	Orthop. Sports Phis. Ther. 8:537-541 1987 Phis. Ther. 63: 494-499 1983
Laughman RK., Youdas JW. ed altri	Strength changes in the normal quadriceps femoris muscle as a result of electrical stimulation	
Manno R.	Fondamenti dell'allenamento sportivo	Zanichelli 1993
Mc Miken DF., Todd-Smith M., Thompson C.	Strengthening of human quadriceps femoris by cutaneus electrical stimulation	Med. 15:25-28 1983 Scan- J. Rehabil
Meinel K.	Teoria del movimento	Società stampa sportiva 1984
Pirola V.	Il movimento umano applicato alla rieducazione e alle attività sportive	Edi ermes 1998
Pivetta S.	Le premesse della ginnastica correttiva	Sperling e Kupfer 1972
Vander A. ed altri	Fisiologia dell'uomo	Il pensiero scientifico editore 1990
Verchosanskij	Lo sviluppo della forza specifica nello sport	Edizioni atletica leggera
Wirhed R.	Anatomia del movimento ed abilità atletiche	Edi Ermes, seconda edizione 1999
Zatsiorskij V.M.	Biomeccanica	Società stampa sportiva 1983

Glossario

Glossario

Acido lattico	Metabolita affaticante che deriva dalla scissione incompleta degli zuccheri.
Aerobico	Processo chimico che si attua solo in presenza di ossigeno molecolare.
Amiotrofia	Carenza del trofismo muscolare.
Anaerobico	Processo chimico che si attua solo in assenza di ossigeno molecolare.
Assone	Fibra nervosa, costituita dal prolungamento di un neurone.
Attività glicolitica	Indica la tendenza di una fibra ad utilizzare il metabolismo anaerobico.
Attività ossidativa	Indica la tendenza di una fibra ad utilizzare il metabolismo aerobico.
Capillari	Vasi di piccolissime dimensioni attraverso cui avviene lo scambio di sostanze tra i tessuti ed il sangue.
Conduzione saltatoria	Trasmissione di un impulso nervoso da un nodo di Ranvier ad un altro attraverso una fibra nervosa mielinizzata.
Contrazione eccentrica	Contrazione del muscolo accompagnata dal suo allungamento.
Contrazione isometrica	Contrazione in cui il muscolo sviluppa tensione senza modificare la propria lunghezza.
Contrazione isotonica, concentrica o dinamica	Contrazione in cui il muscolo accorciandosi sviluppa una tensione costante.
Cronassia	Durata del singolo impulso necessario per eccitare una fibra nervosa motoria specifica.

Densità capillare	Numero di capillari presenti in un muscolo per unità di volume.
Eccitamento	Risposta di un substrato ad uno stimolo.
Elettrone	Particella avente carica elettrica negativa.
Endogeno	Proveniente dall'interno secondo una via fisiologica.
Epimisio	Tessuto connettivo che circonda l'intero muscolo.
Esogeno	Proveniente dall'esterno.
Fibra a scossa lenta o ST	Fibra muscolare caratterizzata da un tempo di contrazione lento, da una bassa capacità anaerobica ed un'elevata capacità aerobica.
Fibra a scossa veloce o FT	Fibra muscolare caratterizzata da un tempo di contrazione rapido, da un'elevata capacità anaerobica ed una bassa capacità aerobica.
Fibra nervosa amielinica	Fibra nervosa priva di copertura mielinica
Fibra nervosa mielinica	Fibra nervosa dotata di copertura mielinica
FTa	Fibre intermedie di tipo IIA.
FTb	Fibre veloci di tipo IIB.
Giunzione neuromuscolare	Struttura di unione tra una fibra muscolare e la terminazione nervosa ad essa destinata.
Giunzione sinaptica o sinapsi	Elemento di giunzione fra il tessuto nervoso ed un tessuto con funzioni specifiche, come quello muscolare.
Guaina mielinica	Struttura proteica e lipidica che riveste alcune fibre nervose.
Hertz, abbr. "Hz"	Numero di eventi elettrici che si ripetono in un secondo.
Inserzione muscolare	Punto in cui il muscolo si inserisce sull'osso, distalmente.

Ione	Molecola carica elettricamente.
Ipertrofia	Aumento delle dimensioni di una cellula o di un organo.
Ipotonia	Carenza del tono muscolare.
mampere	Intensità della corrente di stimolazione
Miofibrilla	Componente della fibra muscolare costituita da filamenti proteici di actina e di miosina.
μsecondo o microsecondo	Unità di misura della cronassia.
mvolt	Unità di misura del potenziale di membrana.
Origine muscolare	Punto in cui il muscolo si inserisce sull'osso, prossimalmente.
Perimisio	Tessuto connettivo che circonda un fascio muscolare.
Placca motrice	Giunzione sinaptica specifica per trasmettere un impulso motorio dal sistema nervoso al muscolo.
Potenziale d'azione	Attività elettrica che insorge in una cellula nervosa durante l'eccitamento.
Potenziale di membrana a riposo	Differenza fra il potenziale elettrico all'interno ed all'esterno della membrana cellulare, misurato in condizione di riposo.
Potenziale postsinaptico eccitatorio	Modica e temporanea ipopolarizzazione della membrana di un neurone postsinaptico.
Potenziale postsinaptico inibitorio	Modica e temporanea iperpolarizzazione della membrana di un neurone postsinaptico.
Potenziale soglia	Valore del potenziale di membrana sufficiente ad innescare un meccanismo automatico di attivazione elettrica, il potenziale d'azione.

Protone	Particella carica positivamente.
Reobase	Intensità minima di un impulso necessaria per eccitare un tessuto.
Rima glutea	Piega presente inferiormente al gluteo, verso la coscia.
Rima interglutea	Linea di demarcazione fra i glutei.
Sarcomero	Unità strutturale della miofibrilla, è la più piccola unità contrattile del muscolo scheletrico.
Scossa muscolare	Breve periodo di contrazione del muscolo, seguita dal suo rilasciamento, come effetto di un singolo impulso nervoso.
SNC	Sistema nervoso centrale.
SNP	Sistema nervoso periferico.
ST	Fibre lente di tipo I.
Stimolo	Ogni agente che modifica l'attività di un substrato eccitabile.
Tens	"T.E.N.S. Transcutaneus Electrical Nerve Stimulation", stimolazione elettrica con effetto antalgico.
Tetano muscolare	Tipo di contrazione muscolare caratterizzata dallo sviluppo di un'elevata tensione che permane fino alla cessazione della stimolazione indotta o fino a quando non sopraggiunga la fatica.
Ventre muscolare	Punto del muscolo in cui si può rilevare la massima sezione trasversa.

libreria dello
SPORT

Nella stessa collana

LA PREPARAZIONE AL CICLISMO
di Josè Luis Algarra — Lire 39.000

LA PREPARAZIONE FISICA AGLI SPORT DI SQUADRA
con riferimenti specifici per il basket
di Claudio Trachelio — Lire 39.000

L'ALTRO TENNIS
aspetti fondamentali della preparazione psicofisica alla gara
di Marcella Marcone e Carlo Rossi — Lire 22.000

...PER QUELLI CHE IL DOPING...
di Marcello Ghizzo — Lire 29.000

CALCIO
teoria, tecnica e didattica dei giochi di squadra
di Bonfanti Mario — Lire 33.000

LIBRERIA DELLO SPORT - Via Carducci, 9 - 20123 Milano
www.libreriadellosport.it